“十三五”国家重点出版物出版规划项目

“认识中国·了解中国”书系

Education for the Future

Contemporary Educational Reforms in China

教育与未来

中国教育改革之路

周光礼 周 详 著

中国人民大学出版社

·北京·

目　录

绪论　社会变革与教育改革

周光礼

党的十八大报告指出：要努力办好人民满意的教育。这一观点具有极强的针对性，对于我们理解和把握中国未来的教育改革，对于解决教育实践中的一些思想认识问题具有重要的指导意义。党的十八届三中全会召开前，有关深化教育体制改革的问题引起了社会舆论的热议：公众对中国教育的未来走向高度关注，对中国教育面临的问题与挑战忧心忡忡，对中国教育的改革与发展充满期待。所有的这些，都预示着中国教育正处于一个新阶段的开端，公众期待党的十八届三中全会为这个新阶段描绘一幅蓝图，为蓝图的实现指明改革方向和突破口。党的十八届三中全会提出教育综合改革的理念，将教育改革与发展置于全面建成小康社会的全局中进行思考，抓住努力办好人民满意的教育这个战略主题。

中国关于教育改革的表述，近年来有一个重大转变。党的十七大之前，教育改革属于文化建设；党的十七大之后，教育改革开始放在社会建设之中。党的十八届三中全会将教育改革置于社会改革的中心，希望通过教育改革建成公平公正的和谐社会。学有所教是社会建设的首要任务，是最大的民生问题。教育关涉每个人、每个家庭，是人民最关心、最直接、最现实的利益问题，也是各种社会矛盾的集中点。判断我们是否全面建成小康社会的一个重要尺度就是办好人民满意的教育。这一思想奠定了中国教育政策的新走向，即通过教育建成一个公平公正的社会。

一、历史方位：教育改革步入深水区

（一）教育发展的“中国模式”

改革开放30多年来，中国教育改革与发展取得了巨大成就。教育领域开创了一系列成功的理论和实践模式，形成了有效支撑国民经济快速发展的教育体系。中国教育改革与发展的背后存在普适性和规律性的因素，这些普适性和规律性的因素构成了教育发展的“中国模式”。

教育发展的“中国模式”建基于以下经验：

第一，中国教育发展水平实现了整体提升。判断一个国家教育发展整体水平的重要标准是人均受教育年限。人均受教育年限不但是教育发展的标志，也是社会发展的重要指标之一，因此提高人均受教育年限是世界各个国家和地区努力追求的目标。改革开放30多年，为了适应国家中长期经济社会发展需要，中国政府从结构和效率入手，在教育优先发展战略指导下，最大限度地提高了人均受教育年限。据统计，经过30多年的发展，中国九年义务教育普及率达到99%以上，青壮年文盲率下降到5%以下，高等教育毛入学率达到26.9%。中国人均受教育年限由4.5年（1980年）提高到9.5年（2012年），居世界发展中国家前列。①

第二，保障教育优先发展的制度安排逐步完善。教育优先发展是中国的基本国策。在20世纪80年代，邓小平曾深刻指出：“一个十亿人口的大国，教育搞上去了，人才资源的巨大优势是任何国家比不了的。”自此，“百年大计，教育先行”的口号响彻神州大地。20世纪90年代，江泽民同志在党的十四大明确提出：“我们必须把教育摆在优先发展的战略地位，努力提高全民族的思想道德和科学文化水

---

① 参见周光礼：《教育让社会更美好——十八大后中国教育改革与发展的新方向》，载《中国高校科技》，2013（2）。

平，这是实现我国现代化的根本大计。”1995 年颁布的《中华人民共和国教育法》明确规定，“教育是社会主义现代化建设的基础，国家保障教育事业优先发展”，使教育先行具有了法律依据。21 世纪以来，中国政府又把“教育优先发展”与“建设人力资源强国”结合在一起。胡锦涛同志指出：“必须坚定不移地实施科教兴国战略和人才强国战略，切实把教育摆在优先发展的战略地位。”为了落实教育优先发展战略，《国家中长期教育改革与发展规划纲要（2010—2020 年）》将“优先发展”置于教育改革发展“20 字工作方针”中的第一项内容。

第三，覆盖城乡的基本公共教育服务体系初步建立。基本公共教育服务是指在教育领域提供的基础性公共服务，具有公共性、普惠性、基础性、发展性四个主要特征，是主要由政府提供，与人民群众最关心、最直接、最现实的切身利益密切相关的公共教育服务。作为面向全体国民的公共服务体系，基本公共教育服务体系包括学前教育、义务教育、高中教育、特殊教育和职业教育。基本公共教育服务体系的核心是保障城乡适龄儿童平等地接受基础教育的权利与推进义务教育的均衡发展。改革开放 30 多年来，中国基本建成覆盖城乡的基本公共教育服务体系。一是推动了基本公共教育服务体系现代化。基本普及了九年义务教育，初步建立起从学前到高中阶段教育的基本公共教育服务体系；采取有力措施保障了弱势群体享受基本公共教育服务的权利，解决农民工子女义务教育问题，完善进城务工人员随迁子女、家庭经济困难学生和残疾学生的教育保障政策体系；出台政策优先保障农村教育发展，加快消除城乡义务教育差距，实现城乡教育更高层次的均衡发展。二是初步建立了促进基本公共教育服务均等化的公共财政保障机制。为了更好地解决教育资源配置公平性不足的问题，近几年来中央政府开始着手建立以基本公共教育服务均等化为导向的公共教育财政体制和分配方式。《国家中长期教育改革与发展规划纲要（2010—2020 年）》明确提出，政府一般性转移支付向基本公共教育服务倾斜，重点扶持薄弱地区、薄弱学校、困难群体，通过以上政策措施，努力让广大人民群众共同享有更加均等化的基本公共教育服务。

第四，教育体制机制的改革创新不断深化。教育改革以制度变革为前提，离开了体制机制的创新，教育改革是不可能取得成功的。30多年来，中国教育体制改革创新的重大进展主要表现在以下几个方面：一是调整教育结构，优化教育资源配置和布局。为了实现基础教育的均衡发展，我们对农村学校的布局进行了调整；为了适应产业转型升级的需要，我们建立了现代职业教育体系。二是不断深化人才培养机制改革，突出抓好素质教育。中国政府立足于建设创新型国家的战略目标，积极实施创新驱动发展战略。各级各类学校通过创新办学模式，着力培养善于创新思维、动手能力强的创造性、创新型人才。三是积极推动教育公平，推动教育资源在不同地区间和不同群体间的合理配置，切实保障弱势群体接受义务教育的权利。为此，中国政府加大了财政投入，提高了教育经费在GDP中的占比。2012年，中国教育经费在GDP中的占比首次达到法定的4%。在财政的强力支持下，政府先后推出农村小学生营养餐计划和校车计划，普遍提高了各级各类学校的生均经费拨款，尤其是大学的生均经费拨款得到了大幅提高。

教育发展的“中国模式”可以归纳为“两个战略和一条路径”。第一个战略是“科教兴国战略”。1995年中国政府提出了科教兴国战略，如其所言，“坚持教育为本，把科技和教育摆在经济、社会发展的重要位置”。科教兴国战略的最新表述是“创新驱动发展战略”。第二个战略是“教育优先发展战略”。1985年，《中共中央关于教育体制改革的决定》提出了教育先行理念，1993年，《中国教育改革和发展纲要》重申教育的优先发展。《国家中长期教育改革和发展规划纲要(2010—2020年)》明确提出，社会发展规划应优先安排教育发展；财政资金应优先保障教育投入；公共资源应优先满足教育和人力资源开发需要。一条路径就是教育改革与发展坚持渐进式路径。中国教育改革与经济改革一样坚持渐进模式，改革对现有的利益格局冲击不大，总体上处于可控范围之内。也就是说，在教育改革上，我们努力处理了改革、发展和稳定的关系，为教育改革与发展提供了良好的外部环境。

（二）教育改革步入深水区

随着经济全球化和社会转型的加速，教育发展面临新的挑战和新的问题，中国教育改革步入深水区。

第一，新工业革命的挑战。从国际上看，互联网技术和可再生能源的结合为新工业革命创造了强大的基础。在“数字化革命时代”，全球知识创造和技术创新的速度明显加快，新科技革命的巨大能量正在不断蓄积。科技创新已成为经济结构调整和持续健康发展的决定性力量，许多国家都将创新提升到国家发展的战略核心层面，全球进入了空前的创新密集时代。中国政府已经认识到，追赶战略不能使中国进入创新型国家行列，必须实施创新驱动发展战略。实施这一新战略，对中国教育提出了新的要求。没有创新能力的大幅提升和拔尖创新人才的大量涌现，中国难以真正完成经济结构的调整和发展方式的转变，难以应对新工业革命的挑战。

第二，经济社会转型的挑战。中国经济社会转型已经到了一个关键时期，这一时期的主要特征是经济社会发展中的不平衡、不协调、不可持续问题突出，改革进入了深水区。各种阶段性、结构性、体制性矛盾相互交叉，集中凸显。2011 年，中国人均 GDP 达 5 000 美元，进入了中等收入国家水平，如何突破中等收入陷阱问题凸显；面对全球性的经济危机，如何进入世界产业链高端，实现产业转型升级问题凸显；面对经济体制的深刻变化，如何解决国有企业的垄断和自主创新能力低下问题凸显；面对公民意识的觉醒和社会利益的分化，如何调整城乡利益格局、地区利益格局和行业利益格局问题凸显；面对老龄化社会的到来，如何应对人口红利消失后国际竞争力提升问题凸显。

第三，教育现代化的挑战。受传统计划经济体制的影响，中国教育治理体系和治理能力现代化依然任重道远。当前比较突出的矛盾和问题有以下几个方面：一是教育观念相对落后，人才培养模式比较陈旧。基础教育被应试教育绑架，素质教育推进困难；学生创新能力和实践能力不强，拔尖创新人才紧缺。二是资源配置不尽合理，发展失衡问题比较严重。教育结构和布局不尽合理，城乡、区域教育发展不平衡，贫困地区、少数民族地区教育发展滞后。据调查，基础教育生均经费东西部相差 10 倍；供求矛盾突出，优质教育服务严重短缺，上学远、上学难问题突出。三是教育体制机制不健全，发展的质量效益偏低。学校办学自主权缺失，现代学校制度尚未建立起来，学校办学活力不足；政策体系和制度框架不健全，制度变革缺乏衔接和协同推进，教育优先发展的战略地位尚未完全落实；管理体制和运行机制滞后，投入使用效率有待提高。

总的来看，中国教育改革与发展亟待解决的新问题有：应对新工业革命的挑战，必须培养具有国际视野的高素质人才；应对中国经济转型升级的挑战，必须培养具有创新精神和实践能力的拔尖创新人才；应对全面建成小康社会的挑战，必须办好人民满意的教育；应对教育治理体系现代化的挑战，必须完善教育治理结构，建立现代学校制度。

二、政策走向：通过教育建设一个公平公正的社会

（一）指导思想：办好人民满意的教育

为了应对教育改革与发展中的新问题、新挑战和新机遇，党的十八大报告强调办好人民满意的教育。这是今后一段时间内中国教育改革总的指导思想。

人民满意的教育首先应该让学生满意，教育改革必须坚持“以学

生为中心”的教育理念。人是万物的尺度，学生的发展是教育改革的终极目的。教育发展改革不仅要瞄准国家和社会的重大战略需求，而且要从学生需要出发，关注学生个人发展需要。“以学生为中心”的教育强调保障学生健康成长，遵循教育规律，关心每个学生。任何教育都包含两个方面：一个是向外的教育，即培养人的谋生技能和为未来的生活做准备；另一个是向内的教育，即扩展人的内在精神和完善人的个性。前者是成“才”的教育，后者是成“人”的教育。党的十七大曾提出，教育改革与发展的中心是建设人力资源强国，这是强调成“才”的教育。在中国经济腾飞的特殊历史阶段，强调成“才”的教育是十分必要的。日本在经济起飞时期，就提出过“技术立国”的教育理念，把培养人力资源的成“才”的教育发展到极致。在中国即将迈入新的历史阶段，党的十八届三中全会指出，既要增强学生的社会责任感、创新精神和实践能力，又要提高学生的审美和人文素养；既要重视成“才”的教育，又要重视成“人”的教育。

（二）改革目标：质量与公平

提高质量和保证公平是党的十八届三中全会确立的教育改革的政策价值观。质量与公平在很多人的思想中是两种对立的政策价值观，追求质量意味着资源向少数人倾斜，最终损害公平；强调公平意味着资源的平均分配，无法提高质量。这种看法是片面的，质量与公平尽管存在张力，但它们并不矛盾。

人民满意的教育首先是有质量的教育。改革开放30多年来，中国教育事业取得了重大成就，走出了一条中国特色的教育发展之路，建成了世界最大的教育体系。作为教育大国，我们基本上解决了人民群众“有学上”的问题，但是我们还没有解决“上好学”的问题。人民日益增长的教育需要同优质教育服务提供能力相对不足的矛盾十分突出。为了获得优质的教育资源，许多家庭不惜血本送孩子出国留学。近年来，中国新一波的“留学潮”呈现出新的特点，就是留学群体日益低龄化，中国已经成为世界最大的留学生源净输出地，优质生源和人才流失十分严重。如何扩大优质教育资源，是当前教育改革的重中之重。党的十八届三中全会指出，扩大优质教育资源，一是政府要加大教育投入，建立公共教育财政拨款制度；二是要充分利用现代信息技术，建立优质教育资源的共享机制；三是要充分利用社会资源，建立产学结合、协同育人机制。此外，为了实现质量和卓越的政策目标，当务之急是控规模、抓质量、调结构。

人民满意的教育是公平的教育。教育公平是人发展起点的公平，是社会公平的重要组成部分。因此，促进教育公平，保障社会公平，是构建社会主义和谐社会的客观要求。教育公平的关键是保障公民平等的受教育权。受教育权是一项基本人权，受教育权在我国主要表现为经济权或社会权，失去教育机会的人是失去未来的人。教育公平的重点是促进义务教育均衡发展和保障高等教育入学机会公平。教育公平的根本措施是合理配置教育资源。教育公平的责任主体是政府。党的十八届三中全会报告提出，要大力促进教育公平，健全家庭经济困难学生资助体系，逐步缩小区域、城乡、校际差距。统筹城乡义务教育资源均衡配置，实行公办学校标准化建设和校长教师交流轮岗，不设重点学校重点班，破解择校难题，让每个孩子都能成为有用之才。

（三）改革路径：综合改革

中国教育改革已经进入深水区，传统的渐进式改革已经难以为继，需要强化顶层设计和总体规划，增强改革的系统性、整体性、协同性。

党的十八届三中全会指出，改革是庞大复杂的系统工程。任何一项改革都会牵一发而动全身，必须放在大系统内来考量。作为社会改革的重要组成部分，教育改革必须置于政治、经济、社会改革的总体布局中。事实上，教学方法、教学内容的改革以教育制度的变革为前提。当下中国教育改革之所以陷入困境，就是因为只限于教育方法的改革和实验，而回避了教育制度的改革与建设。教育制度改革受制于宏观的政治、经济制度。在社会体制机制改革滞后的情况下，单方面进行教育改革，不可能取得任何成效，必须“超教育言教育”。

增强教育改革的系统性、整体性、协同性，必须把教育改革与社会改革协调起来，靠改革破除一切妨碍教育发展的体制机制弊端，构建系统完善、科学规范、运行有效的制度体系，使各方面制度更加成熟、更加定型，形成各领域改革系统设计、整体谋划、协同推进的局面。

增强改革的系统性、整体性、协同性，必须把基础教育改革与高等教育改革协调起来。中国高等教育最突出的问题是不能培养创新人才，“钱学森之问”引发了很多人的思考。其实，中国高等教育出现的很多问题都植根于基础教育，必须对整个教育体系进行综合改革。

增强改革的系统性、整体性、协同性，必须把强化顶层设计和总体规划与尊重人民首创精神协调起来。既要搞好顶层设计和总体规划，也要尊重群众的实践创造，尊重基层的探索创新。制度创新的关键是政府向社会赋权，既得利益者很难做出损害自己利益的改革，从某种意义上说，教育改革的起点要在权力之外的地方。只有把自上而下的改革与自下而上的改革结合起来，才能形成改革的长效机制。

（四）改革重点：破除“四化”

党的十八届三中全会后，国家改革的重点，是破除教育发展的四种不良倾向[①]：

一是要破除教育行政化。教育行政化使中国教育体系日益平庸和机构臃肿。教育行政化在政府与学校关系层面表现为政府行政过于干预学校事务，学校办学自主权难以落实。教育行政部门的“工程化思维”“项目化管理”盛极一时，学校热衷于“跑关系”“拉课题”。教育行政化在学校内部表现为学校管理的官僚化和官本位，机构膨胀，学术力量微弱。党的十八届三中全会指出，要加快事业单位改革，推动公办事业单位与主管部门理顺关系与去行政化，创造条件，逐步取消学校行政级别，建立学校法人治理结构。

二是要破除教育功利化。教育的功利化和产业化使中国教育体系

---

① 参见周光礼：《教育公平是社会公平起点》，载《经济日报》，2013-12-13。

的人才培养功能日益弱化。教育产业化之前，教育投入虽然很少，但是分配还算均衡。当时的学生虽然对教育体制有所抱怨，但基本还相信通过自己的努力可以改变命运。教育产业化之后，教育中的功利主义盛行，学生日益相信是钱和权而不是自己的努力改变自己的命运。此风盛行引发了新一轮的“读书无用论”。产业化对中国教育的毒害甚深。

三是要破除教育精英化。教育精英化导致中国教育不足现象严重。我国社会有一种极强的精英教育情结，鄙视大众教育和职业教育，接受精英教育是许多家庭唯一的追求。工业化是我国相当长的时间内的主要任务，培养高素质的技能型人才是教育的使命。教育的精英化使我国技能型人才培养严重不足，不能满足工业化的需要。教育精英化也是教育同质化的制度根源。教育界热衷于造神运动，把少数精英大学树为全国楷模。以高等教育为例，神化清华北大，将其作为全国所有大学效仿的模板，由此造成全国大学的同质化，千校一面，没有个性与特色。专科想办本科，本科想办大学，大学想办研究型，研究型大学想成为“211”“985”，全国所有的大学都想成为清华北大。

四是破除教育过度化。教育过度是社会潜在的不稳定因素。在中国，教育不足与教育过度同时存在。一个国家的教育发展水平必须与国家的经济社会发展水平相适应，当教育发展水平超过了经济社会发展的承受能力，就会引发严重的教育过度现象。教育过度主要表现为大学生及研究生就业难。高学历者由于就业期望相对较高，不屑于从事蓝领层次的工作，经济发展水平低于教育发展水平，就会出现严重的就业问题。大量高学历者找不到工作，他们就会对社会不满，成为潜在的社会活动家。因此，美国等西方发达国家的教育政策一直是努力控制教育过度现象，以免影响社会稳定。

上篇 社会变革与教育体系完善

第 1 章

大力发展学前教育

1 大力发展学前教育

周　详

学前教育泛指针对0～6岁学龄前儿童的保育事业和教育事业，在我国现行学制体系中特指3～6岁儿童的保育和教育，属于教育行政管理的重要内容。学前教育有时又被称为幼儿教育。《联合国儿童权利公约》对儿童受教育的权利、游戏的权利、参与文化和艺术活动等权利进行了强调，体现了国际社会对儿童发展教育的社会价值和个人利益的重视。我国于1990年签署了该公约，接受了公约中对儿童基本权利的原则性规定，从国家制度层面对学前教育加以肯定。

依据发展心理学的基本理论，幼儿时期是个体大脑发育的关键阶段，是奠定学习能力和素养基础的重要阶段。学前教育与小学衔接，是学制系统的最初基础阶段，关系到之后各学段的教育质量和效率。幼儿时期发展的缺憾将极大地影响到儿童日后的发展和成长。①

同时，学前教育的投资产出效能较高，特别是对贫困家庭的儿童而言，良好的早期教育能够弥补先天的不利条件和不平等。因此，学前教育构成了国家反贫困战略的重要一环，是打破贫困代际传递的重要手段。② 各国都开始重视学前教育对整体国民素质提高以及对国家综合国力增长的战略影响。

目前，构建制度性的幼儿保育和教育体系成为一种共识，各国也在有特色、多元化地完善和扩展这一体系，国际间的相关交流和研究也不断增多，越来越多的国家将学前教育纳入国家公共服务体系，将其作为一种纯公共产品来对待，学前教育的提供方式也多种多样。

我国《国家中长期教育改革和发展规划纲要（2010—2020年）》也明确提出，到2020年学前教育领域的战略目标为：普及学前一年教育，基本普及学前两年教育，有条件的地区普及学前三年教育，学前三年毛入园率达到70%，同时要重点发展农村学前教育。

---

① 参见林崇德：《发展心理学》，杭州，浙江教育出版社，2002。

② 参见［美］苏珊·纽曼：《学前教育改革与国家反贫困战略——美国的经验》，17～24页，北京，教育科学出版社，2011。

一、我国学前教育发展的现状

改革开放以来，我国政治、经济、文化各项事业取得了长足的进步，学前教育整体发展得到明显改善，学前教育的普及程度逐步提高，覆盖面也越来越广。截至 2013 年底，我国幼儿园总数已达 19.86 万所，在园幼儿 3 895 万人，学前三年毛入园率达到 67.5%，为往年最高。我国幼儿教育阶段“幼儿园数”“在园幼儿数”“幼儿园园长和教师数”“入园率”四个指标都明显改善（见表 1—1），我国学前教育的发展成就斐然。

表 1—1　　2008—2012 年学前教育相关数据统计表

年份	幼儿园数	在园幼儿数	幼儿园园长及教师数	入园率
2008	13.37 万所	2 474.96 万人	103.2 万人	—
2009	13.82 万所	2 657.81 万人	112.78 万人	—
2010	15.04 万所	2 976.67 万人	130.53 万人	56.6%
2011	16.68 万所	3 424.45 万人	149.60 万人	62.3%
2012	18.13 万所	3 685.76 万人	167.75 万人	64.5%

资料来源：根据教育部官网公布的 2008 年、2009 年、2010 年、2011 年、2012 年的统计公报整理而成。

2007 年党的十七大以后，学前教育持续呈现良好的发展势头，这与国家对于学前教育的重视分不开，特别是针对我国学前教育的现实问题和各级各类教育的发展布局，国家出台了一系列重点发展学前教育的政策。

2010 年出台的《国务院关于当前发展学前教育的若干意见》（国发［2010］41 号）明确要求各省（区、市）以县为单位编制实施学前教育三年行动计划。计划的实施，是国务院为加快发展学前教育、有效缓解“入园难”问题而做出的一项重大决策。

《国务院关于当前发展学前教育的若干意见》明确了各省（区、市）学前教育三年行动计划的目的：一是明确未来三年学前教育发展目标，逐年落实建设任务；二是围绕扩大学前教育资源、加强幼儿园教师培养培训等内容安排一批工程项目，纳入为民办实事的重要工程予以保障；三是围绕幼儿园教职工编制标准、加强幼师培养培训、规范小区配套幼儿园管理、提高保教质量等，制定一系列政策措施。

为支持各地实施好学前教育三年行动计划，2010 年起，国家启动实施了一系列重大项目，重点支持中西部地区发展农村学前教育。各省（区、市）也开始逐步制定符合自身教育发展状况的学前教育行动计划。随着国家教育法治化进程的加快，学前教育立法等相关问题也逐步纳入政府工作日程，使得学前教育发展开始被纳入法律制度保护的范围之内。

2014 年，教育部工作要点也指出，我国将启动实施第二期学前教育三年行动计划，继续实施学前教育国家重大项目，扩大公办园和普惠性民办园覆盖率。建立完善学前教育成本分担与运行保障机制，出台《幼儿园工作规程》和《幼儿园玩教具配备标准》，规范办园行为，加强对各类幼儿园的监督管理，防止和纠正幼儿园“小学化”倾向。这些举措都折射出我国政府对学前教育问题的重视程度和改变学前教育现状的决心。

二、我国学前教育发展的问题解析

我国学前教育的发展虽然取得了可喜的成就，但仍然是各级各类教育中最为薄弱的环节，存在某些急需解决的问题。主要表现在教育资源短缺、投入不足，师资队伍不健全，体制、机制不完善，城乡区域发展不平衡，一些地方“入园难”问题突出。

改革开放以前，幼儿教育的管理模式相对单一，基本采取教育部门出资办园和以国营企业、单位及农村人民公社办园“两条腿走路”的办法。由于经济发展程度和管理体制的局限性，导致办园经费严重不足，幼教事业发展缓慢。随着改革开放的深入与持续，我国改变了传统学前教育的发展路径和政策，动员全社会力量，采取多元化的办学方式，形成了“多轮驱动”的发展局面。[①]

我国经历了经济与教育高速发展的时期，客观的历史发展阶段和现实国情导致宏观政策对学前教育的关注度不足，资源分配较少，学前教育发展的矛盾相对其他学段更为突出，改革的紧迫性也更强。

第一，财政：经费投入相对不足，资源分配尚不均衡。

长期以来，我国学前教育方面的经费投入占 GDP 的比例维持在 0.1％以内，而且很长一段时间内保持在 0.06％的水平，相比经合组织（OECD）国家占 GDP 比例 0.5％的平均水平还有很大的距离，墨西哥学前教育投入占比甚至达到了 0.8％。

我国学前教育生均经费支出也处于极低的水平，落后于世界大多数国家，相当于经合组织国家平均水平的 5.3％，欧洲 19 个国家平均水平的 5.2％。[②]

数据显示，我国学前教育经费长期维持在整体教育经费投入的 1.5％左右的水平，虽然从 2009 年开始实现了相对快速的增长，但在整体教育经费投入中也仅占 2.35％。而经合组织国家学前教育经费占整体教育经费的比例普遍超过了 8％，一些甚至超过了 10％。

现行教育财政体制使得国家、省、市、县四级财政部门之间缺少纵向转移支付的关系和活动，同级财政部门之间、不同部门财政机构之间也缺乏横向的联系，资金流向单一僵化，缺乏灵活性。学前教育经费由妇联、教育、卫生和其他部门分割管理与支配，各部门之间资金调剂困难，资金使用效益低下，这是在有限的资源条件下配置不优化的主要原因。

松散的管理模式使得幼儿教育财政经费投入范围相对集中，存在向优势地区倾斜的状况，这使得弱势地区无法形成学前教育财政均衡状态。“重分配、轻管理”的幼儿教育财政投入体制使得一些公办园

---

① 参见尹鸿祝：《中国教育十年录》，273 页，北京，高等教育出版社，2004。

② 参见蔡迎旗：《幼儿教育财政投入与政策》，192～194 页，北京，教育科学出版社，2007。

人浮于事、资金浪费。[①] 目前公办幼儿教育机构质量参差不齐，无法有效满足日益增长的教育需求。

第二，管理：财政政策审批分散，人员素养有待提高。

首先，学前教育机构审批单位分散，缺乏统一的审批标准，不同部门各自为政，标准流程冲突。幼儿园的审批主要由地方教育行政主管部门的普通教育科（教育部门办园）和成人职业教育科（民办幼儿园）负责，幼儿园的举办单位和民政部门也是重要审批单位，多重管理导致学前教育机构的成立手续烦琐，制造了人为障碍。

其次，监督管理政出多门，部门间权责不清，相互推诿现象较多。在幼儿园的日常行政管理中，业务管理和日常管理实行“谁审批，谁管理，谁负责”的原则，也存在一定程度上管理业务交叉的现象。业务主要依靠县（区）教委学前科、教研单位、培训单位、卫生局、妇幼保健所和疾病控制中心等。而日常监督检查中，教育、卫生、消防、物价、财政、地税、民政等多个部门都参与其中，形成了多个部门共同管理的局面，部门之间的不协调容易影响幼儿园的正常运转。[②]

最后，管理人员不专业，权责不明确，是造成学前教育管理混乱的重要原因。地方负责、分级管理的体制，导致中央和省级部门对学前教育的管理和规划缺乏信息支撑，也缺乏快速有效的执行通道，导致一些地方出现了黑幼儿园，造成恶性事件频发，家长和学生的权利难以得到规范保护，相关的法律制度也有待完善。

第三，教师：数量不足，质量不高，职业认同有待增强。

学前教育教师队伍基本保持稳定增长的态势，在《国务院关于当前发展学前教育的若干意见》出台后维持在高速增长的水平，但数量和质量的增长与学前教育的正常需求还有一定差距。随着学前教育布局的调整，其他部门办园和集体办园的数量逐步缩减，这部分幼儿教师的规模逐年缩减。

---

① 参见王敬：《我国幼儿教育财政投入优化研究》，首都经贸大学硕士学位论文，2012。

② 参见中国学前教育发展战略研究课题组：《中国学前教育发展战略研究》，79～89页，北京，教育科学出版社，2010。

整体来看，民办园的增长速度高于公立幼儿园的增速，从数量上看，民办园已经成为学前教育的主要力量，发展势头良好，趋势值得肯定（见表 1—2）。

表 1—2　　2010—2012 年幼儿园学前教育教师人数统计表　　单位：人

年份	教职工总数	教育部门办	其他部门办	集体办	民办
2010	1 849 301	410 971	126 270	143 631	1 168 429
2011	2 204 367	462 667	65 554	142 614	1 436 575
2012	2 489 972	536 689	70 403	148 865	1 633 779

资料来源：根据教育部官网公布的教育统计数据整理而成。

学前教育阶段专任教师总体规模不断增加，而其占教师总数的比例却呈逐年下降的趋势（见表 1—3）。这种教师任职结构的失衡，有碍学前教育总体质量的改善和提高。我国目前学前教育无论是专任教师还是教师总量都与政策规定有相当大的差距。

表 1—3　2010—2012 年学前教育专任、代课和兼职教师人数统计表　单位：人

年份	教职工总数	专任教师	代课教师	兼任教师
2010	1 849 301	1 144 225	125 348	16 227
2011	2 204 367	1 315 634	146 588	25 928
2012	2 489 972	1 479 237	153 164	22 935

资料来源：根据教育部官网公布的教育统计数据整理而成。

随着我国对学前教育的重视程度不断提高，学前教育师资的学历和职称情况有所好转。专科以上学历的教师占比不断上升（见表 1—4），一半以上的幼儿教师已经拥有了专科或专科以上学历。师资结构的改善对学前教育的质量提升有着重要的意义。

表 1—4　　2010—2012 年学前教育师资学历统计表　　单位：人

年份	园长与专任教师总数	研究生	本科	专科	高中	高中以下
2010	1 305 311	2 472	167 371	632 554	459 356	43 558
2011	1 495 991	2 962	207 454	743 087	496 757	46 731
2012	1 677 475	3 393	256 028	854 014	515 125	48 915

资料来源：根据教育部官网公布的教育统计数据整理而成。

同时，由于区域经济发展不平衡，以及各地方政府对学前教育的重视程度和财政投入不同，造成了城乡之间和不同办园模式之间的学前教育机构发展规模和水平不平衡。学前教育资源的倾斜程度也不均衡。

随着城镇化的发展，大量的农村幼儿流向城市和县镇，使得城镇的收托压力增大，人口结构的急剧变化是目前学前教育发展面临的巨大挑战之一。近年来我国城市和县镇的入园幼儿人数都大幅增加，特别是在县镇，在园幼儿人数增加的数量和速度大大高于幼儿园数的增加。这也导致了在城市中“入园难、入园贵”现象的出现。与此同时，农村幼儿园的入园人数未明显增加，农村幼儿园的规模在逐渐缩小，引发了一系列的问题。

目前，由于幼儿师范学校合并或升格，专门的幼儿师范学校大多已经取消，进入到更高层次的综合大学体制内部，成为综合或师范院校中专业教育的一部分。高校学前教育专业承担培养优质学前教育师资的任务，虽然满足了一部分城镇幼儿园对优质学前师资的需求，但广大基层农村和民办幼儿教育机构却很难求得高校学前教育专业毕业生，使各类中等学校幼师班需求提升，降低了学前师资初始的从业水平。[①] 这种表面上的层次提升反而减少了偏远地区的学前教育师资来源，导致了偏远地区幼儿教师的数量和质量的下降。同时，学前教育教师培养和福利、地位等问题，阻碍了优质师资向学前教育和中西部地区的迁移。

《国务院关于当前发展学前教育的若干意见》明确提出发展学前教育要充分调动各方面的积极性，要求各级政府在大力发展公办园的同时，采取多种措施鼓励和扶持社会力量办园，为家长提供多层次、多样化的选择空间，试图从根本上解决学前教育的供需矛盾与学前教育重要性之间的不平衡状态，满足基本教育需求和多样化教育需求并存的现实问题。

---

① 参见倪建发：《学前教育师资队伍现状及建设途径研究》，载《温州大学学报（自然科学版）》，2012（1）。

三、学前教育发展方向

截至 2013 年底，学前教育三年行动计划各项目标任务圆满完成，学前教育改革发展取得了前所未有的成就。近几年，教育经费大幅增加，学前教育长期投入不足的问题逐渐得到扭转。从各级教育财政性经费的增长情况来看，学前教育年均增长速度最快，提高幅度最大。从 2008 年的 133 亿元增加到了 2012 年的 748 亿元，增长了近 5 倍，年均增幅 49%，远高于义务教育、普通本科、普通高中、职业教育所占比重的提高幅度。①

冰冻三尺，非一日之寒，积累问题的解决也不可能一蹴而就。国家对学前教育的政策倾斜发生了一些变化，针对民办园、小区配套幼儿园建设、农村学前教育发展、政府投入、幼儿园乱收费、幼儿园"小学化"倾向、幼儿教师的地位待遇等都做了重要的政策调整，这无疑为学前教育的健康发展创造了相对宽松的外部环境，也为进一步发展学前教育奠定了基础，为学前教育的发展指明了方向，为实现在 2020 年"基本普及学前教育"的发展目标提供了有力保障。

（一）加大财政投入，改革学前教育财政体制

第一，加大学前教育财政投入的力度。同时拓宽经费筹集渠道，形成政府和社会投入并重的经费来源机制和筹资机制。形成政府担当资金来源主力，社会资金和家长缴费补充的格局。政府要参与、鼓励和引导社会筹资。

第二，对幼儿园进行归类调整，将各类公办幼儿园都划归地方教

① 参见《教育部有关负责人：学前教育财政投入五年间增近 5 倍》，见 http://www.gd.xinhuanet.com/newscenter/2014-06/05/c_1110990796.htm，2014-06-05。

育部门，按地区划片由地方教育部门监督管理。实行幼儿教育“地方负责，上级支持和指导”的管理体制。

第三，建立各级教育和财政部门相互沟通的财政投入机制。使幼儿教育经费可以自由流动、整体规划和统筹安排，不同级别的教育和财政部门之间要相互配合，形成上下贯通、横向联系的幼儿教育财政投入网络。

2010 年，国务院印发了《关于当前发展学前教育的若干意见》，就加大学前教育财政投入提出了“预算有科目、新增有倾斜、支出有比例、拨款有标准、资助有制度”的“五有”要求。

2011 年《关于加大财政投入支持学前教育发展的通知》提出了“政府主导，社会参与；地方为主，中央奖补；因地制宜，突出重点；立足长远，创新机制”的四条原则，加大支持力度，努力完善学前教育发展的基础性条件。

（二）改革管理体制，转变政府职能

政府管理职能的转变是学前教育发展的前提，需要政府进一步明确权责，完善机构和人员配置，建立科学合理的评价与监督机制，以保障学前教育事业健康发展。要支持社会力量参与兴办学前教育机构，积极扶持民办园，引导和支持民办幼儿园提供普惠性服务。不断消除公办与民办学前教育机构的政策歧视，进一步强调民办园在审批登记、分类定级、评估指导、教师培训、职称评定等诸多方面与公办园具有同等地位。

幼儿园的建设应当适当与社区结合，加强小区配套幼儿园建设和管理，是解决城镇“入园难”的关键。在这方面，着重强调了四点：一是补建。没有配套幼儿园的城镇小区，要按照国家有关规定配套建设幼儿园。二是同步建。新建小区配套幼儿园要与小区建设同步规划，同步建设，同步交付使用。三是强制建。未按规定安排配套幼儿园建设的小区规划不予审批。四是建后统筹使用。城镇小区配套幼儿园作为公共教育资源，由当地政府统筹安排，举办公办园或委托办成普惠

性民办幼儿园，保证面向小区适龄儿童提供方便就近的普惠性服务。

这些依赖于明确政府内部权责划分，以县（区）管理为主，加强中央、省级政府的主导与统筹。中央与省级政府主导和统筹学前教育工作，制定学前教育发展战略，建立经费保障机制。《关于当前发展学前教育的若干意见》指出“地方政府”是“入园难”的责任方，必须通过扭转政府职能实现政府责任的落实，切实解决“入园难”的问题。

（三）提高师资专业素养，保障教师权益

发展学前教育，热爱教育事业、业务精良的幼儿教师队伍是必不可少的。从规划设计上来看，主要措施有以下四个方面：

（1）确定公办幼儿园教职工编制，按照规定的配备标准对公办幼儿园进行核编，逐步配齐。

（2）完善工资、职称等方面的待遇。构建完整的幼儿园教职工工资保障办法和幼儿教师专业技术职称评聘机制，切实维护教师权益。

（3）落实社会保障政策。按照社会保障改革的政策和方向，完善幼儿园教职工社会保障办法，解决后顾之忧。

（4）加强幼儿园园长和教师的培训，提高幼儿教育师资与管理人员的业务素养。

《国家中长期教育改革和发展规划纲要（2010—2020 年）》强调指出要“依法落实民办学校、学生、教师与公办学校、学生、教师平等的法律地位”，这将成为学前教育教师发展的有效突破口。具体包括：完善国家学前教育教师资格认定制度，将学前教育教师纳入教师资质管理系统，保证其与小学教师享受同等的权利。完善教师培育和入职后教师教育发展体系的建立问题，提高教师的层次水平，为教师提供广阔的发展空间。规范民办园师资管理，聘用合格教师，保证基本的社会福利和保险，切实保障学前教师的合法权益。

（四）改变幼儿园“小学化”的倾向

当前某些幼儿园以应试教育为主，违背儿童的成长规律，这是幼

儿园教学面临的一个非常复杂的现实问题，由诸多原因构成，长期形成的文凭社会观念以及强大的高考压力助长了幼儿园小学化的倾向。

解决这一问题，需要全社会达成共识。需要尊重儿童心理、身体发展的基本教育规律，坚持以儿童为中心，提供有利于儿童身心发展的成长环境，把学前教育与家庭教育紧密结合，通过引导家长来改变社会对于学前教育目标的认识，积极鼓励家长参与。

各级教育部门也将根据《0～3岁幼儿学习与发展指南》加强对幼儿园教育质量的监管和指导，建立覆盖各类幼儿园的保教质量评估监管体系，不断提高幼儿园的办园水平和教育质量，对幼儿园的发展进行良性的引导，最终为个体连贯的教育过程奠定良好的基础。

Education for the Future

Education for the Future

第 2 章

义务教育均衡发展

2 义务教育均衡发展

周　详

义务教育均衡指在国家法定的义务教育年限内，国家有义务为适龄儿童提供普及、平等、优质的受教育条件，并以法律手段保证义务教育阶段内部资源配置的合理性、科学性，促使地域之间、学校之间、受教育群体之间获得成功与发展的均等机会，使义务教育协调发展、稳步发展，使受教育者在公平、公正的社会状态下获得普遍的、最大限度的发展可能性。

教育均衡发展主要强调的是区域、校际以及群体之间协调、有序的状态，在这个过程中必然强调义务教育的公平性，并且教育均衡乃是保证教育公平的基石。教育均衡发展就是为消除教育不公平而提出的一种教育发展的理想态势。而教育效率指的是教育产出与教育投入之间的关系，也是现代教育的明显特征，关系到产出与投资比例协调的问题。

在教育发展的过程中，过分注重公平就会出现绝对平均主义，效率低下，而过分强调效率，往往造成教育资源分配的悬殊。公平和效率天生具有对立性，教育均衡便是平衡两者关系的最好发展模式，是保证教育又好又快发展的理想模式，也是义务教育发展的关键阶段。均衡发展是既要保持教育的竞争力又要将教育资源分配的差距限制在合理范围，通过底线管理，保证教育整体水平不断提高。

一、均衡发展：义务教育的新课题

义务教育是面向全体适龄儿童少年的基本公共服务之一，提供基本均衡的义务教育是政府的法律责任，每一个适龄儿童少年都应该享有接受质量合格的义务教育的平等机会，义务教育的公共属性决定必须通过均衡发展实现最终的教育目的。

2012 年 11 月 8 日，党的十八大报告将“努力办好人民群众满意的教育”置于“在改善民生和创新管理中加强社会建设”之首，指出要“均衡发展九年义务教育”，“大力促进教育公平，合理配置教育资源，重点向农村、边远、贫困、民族地区倾斜，支持特殊教育，提高家庭经济困难学生资助水平，积极推动农民工子女平等接受教育，让每个孩子都能成为有用之才”，正式将义务教育的均衡发展上升为国家政策，将均衡作为今后义务教育的中心工作。

1986 年公布实施的《中华人民共和国义务教育法》提出九年义务教育制度，直到 2011 年，所有省（区、市）通过了国家“普九”验收，这意味着我国全面普及了城乡免费义务教育，从根本上解决了适龄儿童少年“有学上”的问题，为提高全体国民素质奠定了坚实基础。义务教育由此也逐步从“普及化”开始转向“均衡化”，从“有学上”过渡到了“上好学”阶段。

2005 年，教育部印发《关于进一步推进义务教育均衡发展的若干意见》。2010 年，印发《关于贯彻落实科学发展观　进一步推进义务教育均衡发展的意见》。2011 年，加大了对各地义务教育均衡发展的支持力度，从具体的项目着手，开始从中央层面启动了义务教育均衡化的进程。

2012 年 6 月 14 日，教育部印发的《国家教育事业发展第十二个五年规划》中提出“实现县（市）域内义务教育初步均衡”的目标和任务。2012 年 9 月 5 日，国务院颁布的《关于深入推进义务教育均衡发展的意见》重申了义务教育均衡发展的意义、指导思想、目标以及基本路径等问题。

2012 年 9 月 6 日，国务院《关于规范农村义务教育学校布局调整的意见》指出：“各地对农村义务教育学校进行了布局调整和撤并，改善了办学条件，优化了教师队伍配置，提高了办学效益和办学质量。”

2012 年 9 月，教育部与四川、西藏、甘肃、青海四省（区）人民政府正式签署了义务教育均衡发展备忘录。至此，31 个省（区、市）和新疆生产建设兵团全部完成了备忘录的签署工作，对未来十年义务教育的改革与发展进行了系统规划。

中央政府对义务教育均衡的做法体现了稳中求进、逐步推进的踏实工作作风，尤其是教育行政主管部门与地方政府采用备忘录的方式，充分展示了完成均衡目标的决心和政策执行过程中的制度创新。

备忘录明确了各省、自治区、直辖市的责任和任务，一个省份一个特色，突出了对总体目标衡量和评价指标的针对性与可操作性，对各省、自治区、直辖市的具体实施目标进行了有效的区分。

二、义务教育均衡发展的基本原则与体系设计

2011年，我国全面普及了城乡免费义务教育，从根本上解决了适龄儿童少年“有学上”的问题。义务教育发生了质的飞跃，为提高国民素质奠定了坚实的基础。其后，国家明确把教育均衡发展作为义务教育工作的重中之重，努力实现让所有的适龄儿童少年都“上好学”的目标。“上好学”与义务教育均衡和内涵式发展紧密地联系在一起，成为我们思考义务教育均衡评价体系的基本出发点，均衡的评价指标也随着义务教育内涵的升华发生改变。

义务教育均衡发展可以归纳为“四个围绕”，即围绕让每一个适龄儿童少年平等享有接受义务教育的机会，全面提高普及水平；围绕保障学生公平接受教育的权利，合理配置义务教育资源；围绕发展高质量义务教育和学生健康成长，大力推进素质教育；围绕学生都能享有条件良好的义务教育，不断提高保障水平。

这几点要求，实质上从中央政府层面奠定了义务教育均衡发展评价的主要内容与发展方向，义务教育发展与评价指标体系的政策目标也由此逐渐清晰，中国义务教育均衡发展确定了一个大致的时间进度表。

义务教育均衡发展中比较公认的原则有“平等”“矫正和补偿”原则。平等原则是指国家有义务通过制度性的安排，确保每一个儿童不因其家庭、性别、民族及健康状况等原因而受到不公正的对待。这是促进基础教育均衡发展的首要原则，也是国家从制度或政策层面上

克服种种基础教育不均衡问题的底线。矫正和补偿原则是美国学者科尔曼提出的消解教育差异的原则。矫正和补偿原则的内容是采取经济措施补偿那些能力优秀但没有优越背景的人，核心问题是对那些生来基因不良或处于恶劣环境中的人进行补偿。

国家应该创造条件来平等地满足不同地区、家庭、民族和性别的每一个适龄儿童的“基本学习需求”，从而达到国家规定的基本质量标准。这是从制度或政策层面上克服种种义务教育发展不均衡问题的底线。平等原则主要包括入学机会平等、公共教育资源分配平等和教育质量平等，这是保障受教育者教育过程平等和教育结果平等的基本条件，是真正克服义务教育非均衡发展的基本路径。

就我国目前的经济发展状况而言，各地经济社会发展不平衡，文化历史传统不同，导致了地区间、城乡间、阶层间和个体间的教育发展不均。部分发达地区的儿童和经济、社会地位处于较高阶层的人士的子女享受了充分的优质义务教育，这种状况极不利于义务教育的均衡发展。因此，在贯彻平等原则的过程中，必须坚持矫正和补偿补偿原则，即国家要给予处于不利社会环境中的儿童额外的教育补偿和关怀。

由于教育平等是教育的理想状态，绝对平等在现实中并不真实存在，其内涵也是随着历史、社会的发展动态变化的。如果在义务教育均衡发展的过程中推行绝对平等，就既违背了平等含义的历史性，也将导致教育更加远离平等的目标。义务教育领域内无论实行何种资源配置方式，都必须优先考虑落后地区、薄弱学校和有特殊困难的学生。

通过不同原则和价值之间的平衡，我们才能够真正探索出符合中国特色的义务教育均衡发展的有效路径。

三、义务教育不均衡的现状分析

经过多年的调整，我国的义务教育不均衡状况有了一定程度的改善。政府对农村义务教育投入的增幅高于城市，城乡生均经费差距进一步缩小。城乡义务教育生均预算内事业费和公用经费差距缩小。区域、城乡义务教育教师学历合格率差距逐渐缩小。全国小学女童毛入学率稳中有升，五年就学巩固率逐年递增，性别差异进一步缩小。中西部地区义务教育完成率增幅高于东部地区。

义务教育不均衡发展表现在城乡发展不均衡、县域发展不均衡。

第一，城乡之间的经费和基础设施存在较大差距。城乡小学、初中生均教育经费、生均预算内教育经费及生均公用经费相对差距在逐年缩小，但绝对差距仍有扩大的趋势。生均公用经费的城乡差距要远远大于生均教育经费。

城乡教师基本收入差距不大，但县城教师的福利待遇优于农村教师，这导致农村教师向县城单向流动。加强地区之间、城乡之间、学校之间师资力量的均衡发展，需要构建完善的教师定期流动政策，以法规的形式确定教师流动的义务性、程序性，通过学区制的探索来保证均衡的实现。

从教学条件来看，2008 年我国农村初中、小学的生均校舍面积均高于城市，但农村初中、小学生均危房面积分别达到了 0.36 平方米和 0.34 平方米，远高于城市的生均 0.089 平方米和 0.062 平方米，农村校舍危房面积占全国初中、小学危房总面积数的 61.8%和 84.75%。生均仪器设备（尤其是科学和数学教学仪器）方面，城市初中、小学生均仪器设备值分别是农村的 1.77 倍和 3.41 倍，并且差距还在进一步扩大。

第二，县域内的教育发展不均衡。教育资源在乡镇之间、平原区与山区、小学与初中、重点校与非重点校之间存在经费支出、师资分配的不均，以及知识学习机会的不均等现象。在中心校和非中心校，课程的开设和师资配备存在巨大的差距。

国家对于教育的财政投入是保障教育均衡发展的关键所在，特别是对于目前一些教育欠发达地区，需要保证其教育基本投入，保证教师工资待遇。义务教育均衡发展的地区特色化，需要根据各个省（区、市）甚至县域的特点有针对性、有侧重地展开均衡化的建设。

政府对教育的投入力度与当地经济发展水平密切相关，城乡经济发展水平差距越小，城乡义务教育经费差距就越小。县乡财政承担义务教育 90%以上的费用，部分经济薄弱的县财政收入根本无法满足农村义务教育实际需要，呈现出“吃饭财政”和“教育财政”并存的双重特征。毫无疑问，解决义务教育阶段不均衡的根本方式在于提高落后地区的经济实力，而在这一问题不能及时解决之前，就需要注意动态地构建义务教育均衡的指标体系，这也是均衡发展的关键所在。

四、措施：构建义务教育均衡指标体系的特征

教育均衡在教育部的创新理念指导之下，各级地方政府相当重视，也逐步出台了相应的地方性政策法规，并组织专门的机构协助并督促本省义务教育均衡的实现。尤其值得强调的是，地方政府的工作时间表、“标准和要求”，都通过规范性文件的方式予以公布，接受教育行政主管部门以及社会大众的监督，改变了以往内部文件相互传达的方式。

这些施政行为的转变让我们看到了依法治国的发展方略在教育行政管理领域中的应用，也成为考察和设计义务教育均衡指标体系的基本工作方针。总体而言，各省（区、市）义务教育均衡评价指标体系存在以下几个特征：

（1）以实事求是为基本出发点，尊重各省（区、市）发展的实际条件。

政策制定的目标决定评价体系构建的核心价值，也是进行政策评

估的基本参考。承认省域义务教育发展的不均衡性，已经成为县域义务教育均衡发展目标和评价体系建立的根本出发点和落脚点。

将义务教育均衡的评价权限定在省（区、市）级行政部门，由省级地方政府进行统筹，符合我国国情和义务教育发展的客观规律。教育部与各省（区、市）签订备忘录的政策举措本身已经反映出中央政府认识到教育资源的区域性不均衡现象，并试图通过创新的模式来实现全国教育资源普遍提高的最终目标。

地方政府也从各地的实际出发，秉承实事求是的基本态度，规划本省均衡政策的实施进程，确定要解决的首要矛盾是县域均衡的问题。

以广西壮族自治区签订的备忘录为例，为推进县域义务教育均衡发展，设计了分步走的目标。全区 110 个县（市、区），到 2012 年底 16 个县（市、区）实现县域义务教育初步均衡发展，其中 10 个县（市、区）实现县域义务教育基本均衡发展；2015 年底累计 95 个县（市、区）实现县域义务教育初步均衡发展，其中累计 37 个县（市、区）实现县域义务教育基本均衡发展；到 2020 年底全区所有县（市、区）全部实现县域义务教育基本均衡发展，并通过自治区人民政府认定。

2010 年，《湖北省人民政府关于进一步推进全省义务教育均衡发展的意见》在发展目标上提出了三个重点：教育质量一体化，师资配备均衡化，基础设施标准化。

略观各省（区、市）备忘录和均衡发展指标文件，其中的时间进度、均衡目标设计相对比较合理、客观，都在有条不紊地进行义务教育均衡目标的实现。各省（区、市）结合自身义务教育发展的实际情况，在时间上提出“初步均衡”和“基本均衡”两步走，或者三步走的阶段发展策略。

（2）评价标准灵活多变，在中央统一部署之下实现多元化发展路径。

2012 年 1 月，教育部印发《县域义务教育均衡发展督导评估暂行办法》的通知，提出了义务教育发展基本均衡县的评估认定，按照省级评估、国家认定的原则进行。《县域义务教育均衡发展督导评估暂行办法》的评估重点主要包括对县域内义务教育校际间均衡状况评估和对县级人民政府推进义务教育均衡发展工作评估两个方面。

校际间均衡状况评估包括：使用生均教学及辅助用房面积、生均体育运动场馆面积、生均教学仪器设备值、每百名学生拥有计算机台数、生均图书册数、师生比、生均高于规定学历教师数、生均中级及以上专业技术职务教师数 8 项指标，分别计算小学、初中差异系数，评估县域内小学、初中校际间均衡状况。

对县级人民政府推进义务教育均衡发展工作评估指标则包括："入学机会""保障机制""教师队伍""质量与管理"四个一级指标，总分为 100 分。《县域义务教育均衡发展督导评估暂行办法》第七条规定，县级人民政府推进义务教育均衡发展工作评估得分在 85 分以上、小学和初中的差异系数分别小于或等于 0.65 和 0.55 的县，方可通过义务教育发展基本均衡县的评估认定。

义务教育均衡是一个复杂的系统工程，包括县域、城乡、学校之间不同的教育层次、质量和模式。均衡作为政策目标而言，需要一个从中央到地方政策细化和重新规划的过程。各地在分省的政策目标指引下，结合地方优势，采用多元化的实现途径，制度创新、灵活多样地实现义务教育均衡的目标。多元化的制度创新过程，促使指标体系的设计呈现多维度、多视角的特征。

以天津市河西区为例，针对其九年义务教育发展的现状和存在的矛盾，从 2007 年开始河西区就把组建"教育发展联合学区"作为突破口，大力推进校际联动和资源共享，尝试了一条推进义务教育小学学段均衡发展的道路，这在区域内产生了积极影响。"教育发展联合学区"已成为天津市河西区推进教育均衡发展的明确路径。

江西省则通过"城镇新区教育园区建设"来尝试解决教育均衡问题，其总体目标是：用 3 年时间，筹集 30 亿元资金，安排 3 万亩土地，建设 300 多万平方米校舍，新增 30 万名进城农村学生，化解 30 万"大班化小班"规模。目前，教育园区建设工作已全面部署，相应的评价指标体系也由于其目标的不同而与其他地区有所不同。

各地区实现义务教育均衡的方式并不相同，在制度上推陈出新。因此，在具体的指标体系设置上，各省（区、市）出台的评估细则和指导思想不尽相同。在教育均衡的总原则指导之下，一级指标和二级指标的设计兼具原则性和灵活性的特征。

（3）评价目标动态调整，阶段性目标逐步明确。

各地经济发展的不均衡导致对教育均衡的实施方式会产生区别，同时随着各地区经济发展程度的改变，差异化的均衡指标反映了政府务实的工作手段，是均衡内涵实现的基本保障。

2011 年 7 月，上海市出台了《上海市对区县政府义务教育均衡发展督导、考核和评估指标》，对之前的指标体系进行了相应的调整，形成了 3 项一级指标、14 项二级指标和 36 项细化说明的评估指标体系。

2010 年正式出台的《陕西省义务教育均衡发展合格县区评估验收标准》，也依据义务教育的发展重新调整了均衡评价的指标，将 2007 年制定的试行标准中的 8 项一级指标调整为 7 项，而二级指标却从试行标准的 44 项增加为 57 项。总分数有所变化，从总分 666 分调整为 1 000 分，实际得分达到 900 分以上者，方可通过验收。

（4）理念引领前沿，融合最新评价理念。

伴随着我国实现义务教育普及化，我国义务教育的理念已经蕴含了更丰富的内涵，在保证普通公民基础教育阶段接受最基本教育的前提下，超越了平均主义和平等的理念。

哈贝马斯认为，以科学技术为主要载体的工具理性已经根植于主体的内部，成为现代社会的主要意识形态，工具理性被解释成为目标取向的理性，它以对世界的控制作为最终成功的标志。在其影响之下，价值理性会逐渐被遗忘甚至曲解，最终否定理性在价值判断中的地位。如若没有终极价值的引导和规范，人们必然在价值选择时不知所措，乃至误入歧途。为了防止这样的情况出现，在政策评估时，引入价值判断是必要的，这也就是我们在分省设计均衡政策评估指标时明确“均衡”的价值内涵的根本原因。

推进义务教育均衡发展的“四个围绕”，本身就是从价值的角度对均衡政策评估的理解。基于以上原因，评价义务教育均衡的指标体系设计，就应当将是否适合地方经济和社会发展融合、是否促进基础教育发展的最新教育理念作为考核政府、学校的重要指标。指导评估体系设计，乃至均衡手段制定和实施的价值理念是衡量指标体系优劣的重要价值因素。

2011 年，上海市提出了进行均衡评估的指导思想：坚持以科学发展观为指导，以动态渐进、持续推动为原则，以推动区域优质均衡为重点，以推进上海市义务教育均衡发展为抓手，通过开展义务教育均衡发展的督导、考核和评估，进一步确立教育优先发展的战略地位，督促区县政府依法履行教育基本公共服务均等化职能；进一步推动义务教育阶段学校城乡一体化发展，确保为城乡每一个学生公平接受教育创设环境；进一步推动学校树立合作、平等理念，保证城乡学校、教师、学生互相尊重、理解和合作，促进“为了每一个学生的终身发展”相关政策措施有效落实。

湖北省将评估目标设定为“坚持以科学发展观为指导，以实现教育公平为取向，以推进素质教育为主题，以促进县域义务教育均衡发展为核心，通过构建具有湖北特色的义务教育均衡发展督导评估制度，实现县域义务教育师资配备均衡化、基础设施标准化、教育质量一体化目标，办好每一所学校，关心每一个学生的健康成长”。

制约基础教育质量提高的因素有很多，但是核心的制度设计应当是运用什么样的理念和价值来指导各级政府的改革，这是价值评估的核心。应该认识到，义务教育阶段均衡的评价标准已经将学习型社会建设、和谐社会建设的理念融入均衡化改革的进程中，各级地方政府运用不同理念引导改革、进行相应的评估，最终将实现均衡的实质目标。

第 3 章

保障流动人口子女受教育权

3 保障流动人口子女受教育权

周　详

流动人口，是指离开户籍所在地的县、市或者市辖区，以工作、生活为目的异地居住的成年育龄人员。随着社会经济的发展，区域之间发展的差异导致人口流动现象越来越多，随之而来的流动人口子女教育问题也开始成为中国城市化进程中需要重点解决的问题。

流动人口子女教育问题是与中国社会发展和新型城市化进程相伴而生的，伴随城镇化进程的加快，不同地区的政府已经将解决流动人口子女教育问题作为保持区域经济持续发展的重要手段。

城镇化是伴随工业化发展，非农产业在城镇集聚、农村人口向城镇集中的自然历史过程，是人类社会发展的客观趋势，是国家现代化的重要标志。我国改革开放以来，伴随着工业化进程加速，城镇化经历了起点低、速度快的发展过程。1978 年到 2013 年，城镇常住人口从 1.7 亿增加到 7.3 亿，城镇化率从 17.9%提升到 53.7%，城市数量从 193 个增加到 658 个，建制镇数量从 2 173 个增加到 20 113 个。我国常住人口城镇化率与户籍人口城镇化率的差距逐年扩大，2012 年达到了 17.3 个百分点。[①] 飞速发展的城镇化成为中国教育改革的客观背景。

城镇化的快速推进，吸纳了大量农村劳动力转移就业，提高了城乡生产要素配置效率，推动了国民经济持续快速发展，带来了社会结构的深刻变革，促进了城乡居民生活水平全面提升，取得的成就举世瞩目。与之相伴而生的流动人口子女教育问题也逐渐成为中国教育发展过程中不可忽视的重要现象。

一、新城镇化与流动人口子女教育问题的形成

新中国成立以后，我国普遍实行城乡二元体制，以二元户籍制度

---

① 参见《国家新型城镇化规划（2014—2020 年）》，见 http://www.gov.cn/zhengce/2014-03/16/content_2640075.htm，2014-03-16。

为基础进行分类管理。在社会管理模式上区分“城镇居民”和“非城镇居民”两种身份。这种身份的确立有其历史的现实性，但随着改革开放以来人口流动现象的加剧，两种不同法律身份之间的社会矛盾也逐渐地凸显出来。

长期形成的计划经济思维，导致了教育资源配置的方式远离市场。城市中的教育和基础设施，几乎完全由国家和地方财政投入，而农村中的教育和设施，相当一部分转移由非城镇人口负担。由于城乡间经济发展程度的不均衡以及长期工业农业剪刀差的存在，导致在资源配置的方式和总量上形成了城乡不均衡的局面。

改革开放以后，尤其是农村改革之后，农村剩余劳动力逐年递增地向城市转移，呈现由经济欠发达地区流向经济发达地区、由中西部地区流向东部沿海地区的流动趋势。但是，这种人口流动的现象在短时期内尚未打破长期以来固化的城乡二元社会结构，以家庭为单位的农村人口向城市的流动导致了两类特殊儿童群体的产生，他们的教育问题也因此备受社会关注。

一类群体是跟随打工父母到城市生活和读书的农村孩子，被称为“进城务工子女”。由于没有本地城镇户口，在接受义务教育、入托、医疗服务等方面的权利，与本地儿童相比受到诸多限制，教育资源的获取存在相当大的问题。

另一类群体则是由于父母外出打工，被留在家乡的农村孩子，被称为“留守儿童”。在父母双方或单方外出打工后，这些农村留守儿童或者与父母一方生活在一起，或者与爷爷奶奶、姥姥姥爷生活在一起，或者与亲戚朋友居住在一起，也有相当一部分留守儿童自己单独居住，没有任何人照顾和监护。① 他们脱离了传统的家庭教育环境，产生了特殊的社会问题。根据《中国2010年人口普查资料》样本数据推算，全国有农村留守儿童6 102.55万，占农村儿童的37.7%，占全国儿童21.88%。与2005年全国1%抽样调查估算数据相比，五

---

① 参见全国妇联：《我国农村留守儿童、城乡流动儿童状况研究报告》，2013年5月。

年间全国农村留守儿童增加约 242 万。[①]

这两类特殊的儿童群体在中国经济转轨和社会转型的过程中伴随着农村流动大潮而生，规模庞大。本质而言，流动儿童的教育问题和留守儿童的教育问题是一个问题的两面，根据进城务工人员与其子女的生活方式不同，适龄儿童留在劳务输出地区便构成留守儿童，跟随父母进入城镇就形成随迁子女群体。

二、成因分析

2012 年，全国妇联儿童工作部、中国人民大学人口与发展研究中心共同组成的课题组，由国家统计局提供数据支持开展的“全国农村留守儿童、城乡流动儿童状况研究”显示我国流动儿童群体具有以下特征：

（1）流动儿童高度集中在中东部发达地区，但部分中西部地区流动儿童在当地城镇儿童中所占比例也比较突出。

（2）县内跨乡流动的儿童占全部流动儿童的比例最高，跨省流动儿童比例位居第二。

（3）多数流动儿童属于长期流动，平均流动时间 3.74 年 。[②]

近年来在各级政府以及社会团体等各方力量的共同努力下，流动儿童面临的平等接受教育等问题得到一定缓解。但这些问题的根本解决还需要社会制度的稳定等因素，且新的问题仍在不断出现。形成的原因主要有以下几个方面：

第一，城乡二元结构是造成流动儿童教育问题的根本原因。

流动人口具有农村与城市、农民与市民的双重生活空间和双重社会身份，他们不能通过流动这一方式及时地、顺利地实现其社会角色

---

① 参见吕绍清：《留守还是流动？——“民工潮”中的儿童研究》，3～4 页，北京，中国农业出版社，2007。

② 参见全国妇联：《我国农村留守儿童、城乡流动儿童状况研究报告》，2013 年 5 月。

的历史性转换，致使许多流动人口在事实上成为了城市中被边缘化的群体，严重影响其子女接受教育。

城镇化是人类社会发展的必然趋势，也是从农业国向现代化工业国转变的必由之路。但中国的城镇化进程相当迅速，农民进入城市后，又部分地与城市社会、价值观相游离，使城市内部出现“居民二元制”的社会结构状态。大部分流动人口不能最终实现迁移定居以及价值观的融合，甚至产生过激矛盾，使社会角色的转变产生困难，身份认同和社会认同都产生偏差。

第二，现行教育体制与管理模式的制约。

现行的义务教育制带有很强的区域性制约，这是与我国教育财政管理体制相关的。城市中九年制义务教育的经费由地方政府财政支出，而农村九年制义务教育经费主要由乡镇筹集，经费主要来自农村人口所交的附加费。虽然近几年县级财政对农村中小学校教育增加了投入，教师的工资等大部分费用也统一由县级财政开支，但是基础教育设施以及其他办学经费主要还是依靠乡镇，造成（地方）教育资源相对缺乏，归属地教育资源维持在基本达标的较低水平。

流动人口子女的教育资源在当地依据户籍进行了分配和规划，进行属地管理，而在其随迁之后，在户籍所在地并没有享有教育资源，而对流入地政府来说其就学属于预算外公共教育负担，在管理上和事实工作中对流入地教育资源分配和教育经费的使用带来了不便，亦存在相当的法律问题。

第三，流动人口对其子女的教育观念与可承受能力问题。

数量过多、知识水平较低，是我国农村劳动力的一大显著特征。因为历史的原因，我国人口的科学文化素质水平普遍不高，而农业人口又因其长期的生产、生活方式导致教育观并不全面，其行业分布基本集中于种植业，知识结构和学历水平较低。迁徙之后，他们到城镇中非农业部门就业的适应能力不足，转向其他行业就业的范围和空间非常狭小，生活的环境不利于子女教育的实现。

目前，进城务工人员大部分从事的是体力劳动，具有收入低、工作不稳定、经济状况差、生活质量低等显著特征。同时，在劳动密集型行业的整体环境中，流动人口又很难获得再学习、接受再教育的机会，无法在流动过程中快速提高自身素质，致使其自身素质和教育观念很难在短时间里有很大的改变，这进一步阻碍了流动人口子女接受良好的教育。这些都是造成流动人口子女家庭教育困难以及阻碍其子女接受教育的内在原因。

第四，区域间社会经济发展水平不均衡。

我国人口流动的加速扩展是以市场经济的高速发展为前提的。而我国的市场经济体系并不完善，诸多制度正在探索过程中。同时，各地市场经济的发展具有区域性的明显特征，发展和制度建设并不均衡。一些经济欠发达地区的社会生产力发展水平还较低，政府财力有限，解决进城务工人员子女教育问题的财政能力和综合业务水平不足。在没有法律的强制性要求和具体的政策规定的条件下，存在解决流动人口教育问题的客观困难。经济条件和制度缺陷两方面的障碍使得政府难以主动、无条件地为外来人口子女享受义务制教育承担责任。

三、流动人口子女教育存在的现实困境

尽管中央政府已经要求流入地政府负责解决外来人口子女的教育问题，让公办学校发挥主导作用，但是，公办学校所起到的主导作用仍然有限，各地严格的入学条件与程序也给农村流动人员设置了各种障碍，流动儿童在流入地公立中小学接受义务教育还存在诸多困难。

一些城市出台相关法律法规，要求他们到流出地乡镇政府开具家里无监护人而同意外出借读的证明，凭务工证、暂住证和计划生育证明到流入地街道办或乡镇政府提出申请，证明齐全之后经过批准才能

到指定的公办学校办理孩子的入学手续。这些制度和规定看似合理，而客观上办理这些手续要耗费大量的时间和金钱，办理过程中的不确定性也导致进城务工人员的子女较少选择这样的“正规”方式解决子女的教育问题。

在这种情况下，为进城务工人员子女提供替代性教育的机构就开始出现，有的称为棚户学校，有的称为民工子弟小学或者打工子弟学校。这些学校中符合国家办学要求的为数很少，且以小学为主。

打工子弟学校最早出现在 20 世纪 90 年代初，进入 90 年代后期发展非常快，是农村流动人口子女面临教育困难得不到解决后产生的，有着收费低、自由入学和退学、不会受到歧视等特点。这类学校多数设施简陋，缺少必要的办学条件，教学不规范，大多从流出地聘请教师，使用原籍教材，并按流出地的办学体制进行办学或设教学点，其教学质量也不是很高。在各大城市，打工子弟学校呈快速增长势头，不但学校数量增加很快，而且学校规模也在快速扩张。但是，这些学校一直没有得到正式制度的接纳和承认，一直在非法状态下生存和发展，经常受到各种清理、整顿和强行拆散、取缔，随父母迁徙的适龄儿童接受义务教育的状况仍不容乐观。

另外，由于流动人口子女在流入地接受义务教育受到种种政策上和费用负担上的限制，有一部分流动人口子女在流出地接受义务教育，但由于远离父母，这些孩子学习成绩不理想，甚至选择失学、辍学，这成为新型城镇化带来的负面影响之一。

四、解决方案

留守儿童和进城务工人员随迁子女的教育并不是单纯的教育问题，而是社会发展过程中城市化进程带来的必然结果，单单依靠教育领域改革是不够的，需要在经济发展水平不断提高的基础上实现社会制度综合改革才能解决。这种改革更是涉及广泛的社会问题，区域、城乡、经济机构的体制与机制创新，简单的制度修补不能从根本上解决这类问题。所以，教育改革也应该是在社会发展积累的基础上稳妥地推进，而不是一蹴而就。

流动人口子女教育是我国特定阶段的一个教育问题，还会在今后相当长的阶段中普遍存在，外来人口子女的就读将成为学校教育的一般现象，而不是特殊现象。当前的经济结构和社会现状决定了这种教育现象不是一时一刻可以改变的，最终需要通过以人为本，健全政府流动人口服务机制，改善流动人口生存与发展环境来解决。

随着城乡一体化发展，要确保所有学龄儿童少年受教育权利的实现，建立有国家保障的九年制义务教育的平等体制。以国家财政为解决教育经费的主渠道，合理配置社会教育资源，逐步从教育体制上和教育运行机制上解决包括流动人口子女在内的所有应受教育者的义务教育问题。

对于自然生长出的打工子弟学校应该采取扶持、监管的政策，它们一定程度上解决了教育基本公共服务不足的问题，实现了供需平衡。因此，政府既需要在经费、房舍、物资、师资、技术等方面加大扶持力度，促进其发展，也要制定并严格执行监管制度，规范收费和运行。在较为发达、学校质量较好的地区，可以考虑政府购买服务的方式。这样，既能在某种程度上避免城市人与农村人的冲突，也使得义务教育的公平性在一定程度上得到维持。

我国 2011 年刚实现义务教育的普及化，而流动人口子女的教育问题属于义务教育均衡阶段所需要考虑的问题。这一阶段，教育管理与资源配置的方式已经发生了转变，因此需要在巩固普及成果的基础上，通过资源配置的手段创新，解决进城务工人员子女的教育均衡问题，逐步实现以公办学校为主，民办学校为辅，民工子弟学校作为特殊补充形态的多元教育供给模式，最终确保学龄儿童就地入学、平等入学，构建学校教育、家庭教育、社会教育三者有机结合、良性互动的现代教育体系。

（1）大力发展社会生产力，缩小区域经济发展的不均衡。

提高地方经济总量，宏观上缩小区域经济发展的长期不平衡，促进社会经济协调发展，对解决流动人口子女教育问题显得十分重要。一方面，落后地区要加快经济发展的步伐；另一方面，国家要加大对贫困地区的投入，加快欠发达地区的城市化发展，调整产业结构，推进农业劳动力向二、三产业转移。大力发展社会生产力，促进区域间的相对平衡，确保人口的健康有序流动。

（2）统一认识，转变观念，完善服务机制。

近年来，对流动人口群体，相关部门在思想认识上已有很大的转变，已从过去的重点强调流动人口带来的冲击和压力，开始逐渐认识到流动人口对社会、经济发展所做出的贡献和成绩。随着市场经济的深入发展，我们必须全方位地把流动人口从体制外纳入体制内，使其完全融入社会生活。

要应对转变，制度创新是关键。这包括户籍制度、城市管理制度、法律制度、劳动就业制度、收入分配制度、社会保障制度、教育制度等多领域的创新。

（3）适度调整现有义务教育的格局，合理配置教育资源。

给予打工子弟学校合法身份，适当发展寄宿学校。通过教育资源的重新配置合理地解决流动人口子女的适时入学问题，并给九年制义务教育以充足的财政投入，以确保所有的国民都能平等地获得义务教育的权利，从根本上解决流动人口子女九年制义务教育的公平问题。

在基本公共服务的基础上，教育行政主管部门已经开始健全全国中小学生学籍信息管理系统，为学生学籍转接提供便捷服务。系统将涉及全国 1.9 亿名中小学生，遵循“一个也不能少”的原则，实现全国各级各类学校的全面覆盖。系统同时实行动态管理，包括对全国范围内的学生注册、学生信息维护、毕业升级、学籍异动的信息化管理，及时跟踪全国的学生流动，全面掌握全国中小学生的真实情况，为教育管理和决策、营养改善计划的实施、学生资助等提供帮助。

随着我国服务型政府的完善，农民工随迁子女义务教育将逐步纳入各级政府教育发展规划和财政保障范畴，合理规划学校布局，科学核定教师编制，足额拨付教育经费，保障农民工随迁子女以公办学校为主接受义务教育，实现适龄儿童与青少年受教育的自由选择权利。

Education for the Future

Education for the Future

第 4 章

建立现代职业教育体系

4

建立现代职业教育体系

周光礼

职业教育是给予学习者从事某种职业或生产劳动所必需的知识和技能的教育。职业教育是现代教育的重要组成部分，是经济社会发展的重要基础，是国家工业化的重要支柱。高等职业教育是经济发展和科技革新的产物，是传统农业社会向现代工业社会转型的直接推动力。从这个意义上说，高等职业教育的发展水平反映了一个国家的工业化水平。职业教育有广义和狭义之分，狭义的职业教育特指中下层技能型专业人才培养，与英文中的 vocational education 相对应，人们一提“职业教育”就认为它是低层次的，这是传统的理解；广义的职业教育指“面向职场的专业教育”，与英文中的 professional education 相对应，这是一种面向广大青年整个人生的教育，涵盖从基本技能到高级能力和素质的培养目标，从中等专业一直到博士层次的教育。现代职业教育强调终身性、高技术性、面向职场和产学合作，是一种广义的职业教育，它的层次包括中职、高职、本科、硕士、博士教育。现代职业教育体系对于满足产业转型升级、建设创新型国家具有十分重要的战略意义。

一、有计划的工业化：职业教育与普通教育的一体化

现代化发端于工业化，以工业化作为其主要推动力。工业化是中国走向现代化的必由之路。中国的工业化发源于清末的洋务运动，但直到新中国成立，我们依然是一个工业化水平很低的农业国。新中国成立以后，中国开始了真正意义上的以国家工业化为核心的现代化。中国的工业化进程可以分为三个阶段：一是有计划的工业化阶段（1949—1978 年），二是市场导向的工业化阶段（1978—2002 年），三是新型工业化阶段（2002 年以后）。与中国工业化进程相对应，中国职业教育的发展也经历了三个主要发展阶段：在有计划的工业化阶段，职业教育与普通教育一体化；在市场导向的工业化阶段，职业教育与普

通教育相分离；在新型工业化阶段，职业教育与普通教育立体交叉。

中国职业教育源于洋务运动时期的实业教育。19 世纪 60—90 年代，在洋务派的推动下，清政府进行了一场旨在富国强兵的改革运动，内容主要涉及军事工业。为了满足当时社会发展对技术人才的需要，兴办了一批实务学堂，这是中国最早的职业学校。1903 年颁布的“癸卯学制”提出，要在普通教育体系之外建立独立的职业教育体系，并成立了高等职业学校。然而，由于国家工业化程度太低，清末的高等职业学校并没有培养出毕业生，而且，后来很多高等职业学校转变为普通高校。1917 年中华职教社成立之后，在黄炎培等人的推动下，中国职业教育的发展开始模仿美国的综合中学，中学阶段的职业教育受到特别重视。1932 年在胡适、蒋梦龄等人的推动下，建立了中等职业教育制度。而高等职业教育制度直到新中国成立都没能建立起来。

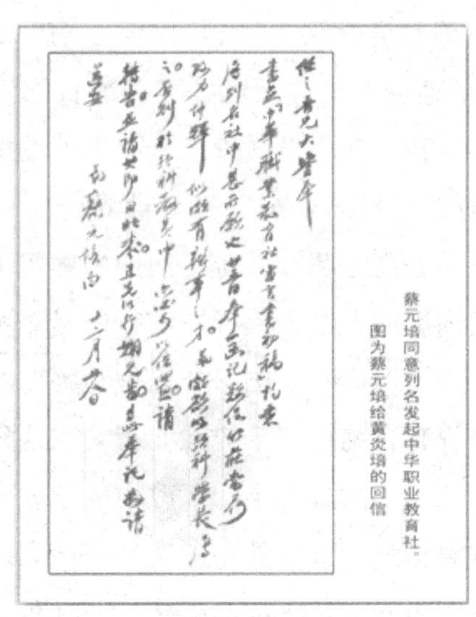

中华职教社的创立

新中国成立后，中国选择了“以俄为师”的建国策略，实行有计划的赶超型经济发展战略。以第一个五年计划为标志，中国开始了社会主义国家工业化征程。1956 年中共八大明确指出：当前党和人民主要的任务是，集中力量发展社会生产力，实现国家工业化，逐步满足人民日益增长的物质和文化需要。有计划的工业化具有三个特点：以封闭的计划经济体制、极低的人均国民收入为保障；以快速发展赶超资本主义国家、建立独立工业体系为目标；以首先发展重工业、优先发展国有经济为策略。[①] 中国的教育结构应如何调整才能满足这种工业化的需要呢？

新中国教育结构的建立深深地打下了苏联教育的烙印。1951 年 8 月，教育部主要领导在全国高等师范教育会议上，就如何学习苏联问题指出："要学习苏联高等教育各方面的经验，从思想体系到教学组织都应该系统地、全面地、整体地学……至于苏联全部教育建设的历史和现在的成就，自然也是学习的对象。"[②] 在全面贯彻"以俄为师"的方针指导下，中国提出了几乎是苏联第一个五年计划翻版的中国经济发展的第一个五年计划，使国家对各种专业技术人才的需求激增，致使我们放松了已经取得很大成绩的扫盲和初等教育，把第一次教育改革的重点放在高等教育发展上。1954 年，周恩来在《政府工作报告》中指出："为了适应经济建设的需要，教育部门应当首先集中力量发展和改进高等教育。中小学教育已有很大的发展，今后应当着重质量的提高。"根据苏联模式，高等教育被界定为一种面向国家工业化的专业教育，是一种高等职业教育。而旧中国留下的 205 所高等院校，主要是以英美国家的大学为模板，实行的是一种与国家工业化相脱节的博雅教育。为了适应整个国家"以俄为师"的政治、经济和文化建设的需要，高等教育结构变革势在必行。在这种背景下，我们进行了以院系调整为核心的高教变革，以改变大学教育游离于国家工业化之外的弊端，确保第一个五年计划的实现。这次改革的结果是形成了单科院校占主体的格局，造成高等教育系统内部专业比例的严重失调。通过院系调整，中国综合性大学的数量大幅减少，单科院校尤其

---

① 参见忧郁行者：《新中国工业化历程》，见 http://www.china.com.cn/economic/zhuanti/gyhjcbg/2007-09/10/content_8850547.htm，2007-09-10。

② "当代中国"丛书教育卷编辑室：《当代中国高等师范教育资料选》，46 页，上海，华东师范大学出版，1986。

是工科院校的数量大幅上升。1947 年全国有综合性大学 55 所，工科院校 18 所，到 1957 年综合性大学减少到 17 所，工科院校则增加到 44 所（见图 4—1）。

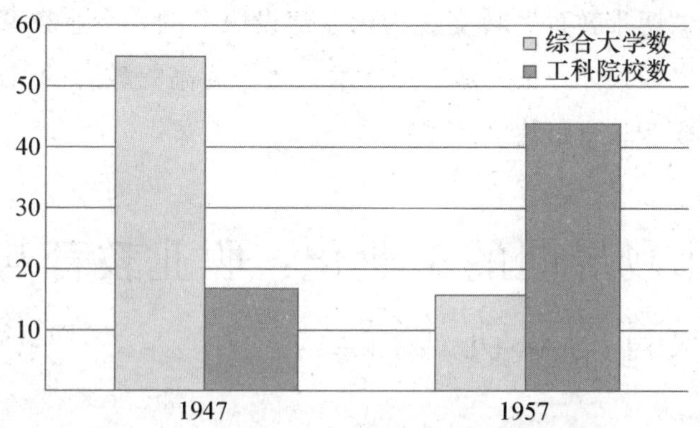

图 4—1　1947 和 1957 年中国高等院校结构变化图

不仅如此，在专业设置上，由于以工业建设为中心，导致工科专业的比重急剧上升，文、法、商等专业的比重却急剧下降。比如 1947 年文、法、商科在校大学生占学生总数的 47.6%，1957 年则降至 9.6%。1953 年，在设置的 215 种专业中，工科占 107 种，而文科仅占 19 种。①

从职业教育的发展历史来看，这个阶段的主要特点是普通教育与职业教育一体化。中等教育统一于普通教育。新中国成立初期，由于工业化程度低，职业教育的发展以兴办中等技术学校为主。为了适应第一个五年计划的需要，我们对原有的职业教育进行了调整，强调专门化、单一化。1953 年，为了适应新的产业结构，我们建立了中等专业教育制度和技工教育制度。1958 年，经济“大跃进”推动了“教育大革命”，中等职业教育也出现了“大跃进”，规模迅速膨胀。1961 年，职业教育的发展超过了国家经济发展的承受能力，引发了对职业教育的全面调整、整顿。中等职业教育规模一再压缩，矫枉过正。1963 年，中等教育出现了普通教育单腿行走的现象，独立的中等职业教育体系不复存在。高等教育则统一于专业教育。由于对苏联

---

① 参见周光礼：《以俄为师与中国高等教育现代化》，载《煤炭高等教育》，2003（3）。

模式的全盘照搬，我们通过“院系调整”“强化工科”“大批院校归专业部门”等措施，把普通高等教育体系改造为高等职业教育体系。在“高等教育就是职业教育”的苏联模式指导下，我们片面强调把旧中国大学的“博雅教育”转变成为国家建设服务的“专业教育”，把培养有用的专业人才，尤其是工程技术人才作为高等教育的目标，使普通教育与职业教育最终实现了一体化。

二、市场导向的工业化：职业教育与普通教育的双轨并行

虽然有计划的工业化产生了很多问题，但经过近 30 年的发展，到改革开放之初，中国初步奠定了工业化基础，形成了相对完整的工业体系，工业化水平有了很大提高。改革开放之后，随着市场因素的引入，中国进入了快速工业化阶段。这个阶段的主要特点有：以市场化改革和较低的国民收入为保障；以改善国民经济结构、促进经济发展和人民富裕为目标；以农业和轻重工业均衡发展、多种经济成分共同发展、梯度发展区域经济为策略。按照轻重工业的关系，市场导向的工业化进程又具体可以划分为两个阶段：一是结构纠偏、轻重工业同步发展阶段；二是重化工业加速发展、产业结构明显高度化阶段。前者注重市场需求导向，优先发展轻工业，纠正了计划经济时代因优先发展重工业而扭曲的产业结构。后者同样关注市场需求的变化，这次重工业为主的格局是由中国消费结构升级、城市化进程加速、交通和基础设施投资加大带动的，是中国工业化进入中期阶段以后工业结构的自然演变。前者反映了中国轻工业结构高级化趋势，后者反映了中国重工业高级化发展趋势。

区域工业化产生了多样化的人才需求。然而，职业教育与普通教育一体化的体系难以满足快速工业化的需要。中国教育的精英情结越来越浓厚，高等教育全面“去职业化”，以学科为核心的高等教育成

为时尚。高等教育体系与社会需求严重脱节，高等职业教育出现空白。仅有的少量高等专业教育几乎是普通本科教育的压缩版，尚未形成独特的人才培养模式。中等教育的结构极不合理，普通教育与职业教育比例严重失调。职业教育在普通中等教育中占比很小。1980 年，中国普通高中学生的占比为 81%，中等职业教育的学生占比仅为 19%。① 为了满足经济发展对专业人才的需求，1980 年国务院批转了教育部、国家劳动总局的《关于中等教育结构改革的报告》，该报告明确提出改革的重点是大力扩充职业学校的在校学生人数，优化高中阶段的教育结构。其后 1985 年的《中共中央关于教育体制改革的决定》重申“调整中等教育结构，大力发展职业技术教育”，逐步建立职业教育体系。1991 年，全国高中阶段职业学校招生数在中等教育中的占比超过 50%，中等教育结构单一化的局面得到了根本转变，基本形成了基础教育与职业教育双轨并行的格局。在改革开放的初期，中等职业教育一直是中国职业教育的主体，为中国经济的快速发展提供了大量的有一技之长的劳动者。

随着中国工业化从初级阶段进入中级阶段，中等职业教育培养的人才越来越不能适应高科技产业发展的需要，高等职业教育的需求越来越旺盛。1980 年，教育部根据经济活跃地区对一线应用型人才的迫切需要，批准设立金陵职业大学等 7 所职业大学，1984 年，职业大学达到 82 所。与此同时，高专学校和成人高校也得到了快速发展。1990 年，职业大学的数量已达到 126 所。经过 10 年探索，1991 年，正式颁布了《国务院关于大力发展职业技术教育的决定》，明确提出要建立初、中、高职教育体系，要积极发展高等职业技术教育。1996 年，《中华人民共和国职业教育法》颁布，明确提出，高等职业教育根据需要和条件由高等职业学校实施，或由普通高校实施。1997 年，第一所以职业技术学院命名的高职学院（邢台职业技术学院）挂牌成

① 参见廖其发：《当代中国重大教育改革事件专题研究》，249～250 页，重庆，重庆出版社，2007。

立，标志着新高职走上了历史舞台。1999 年，第三次全国教育工作会议在北京召开，颁布了《关于深化教育改革，全面推进素质教育的决定》(简称《决定》)。《决定》对发展新高职做出了明确规定："高等职业教育是高等教育的重要组成部分。要大力发展高等职业教育，培养一大批具有必要的理论知识和较强实践能力，生产、建设、管理、服务第一线和农业急需的专门人才。现有的职业大学、独立设置的成人高校和部分高等专科学校要通过改革改组和改制，逐步调整为职业技术学院（或职业学院）。"为了推动区域经济社会发展，2000 年，教育部决定将设立高职院校的审批权下放到省级人民政府。权力下放大大激发了地方发展高等职业教育的积极性，大批高职院校建立起来。到 2006 年，中国高职院校达到 1 147 所，招生数和在校学生数与普通高等教育接近 1∶1。中国高等职业院校数量增长情况见图 4—2。

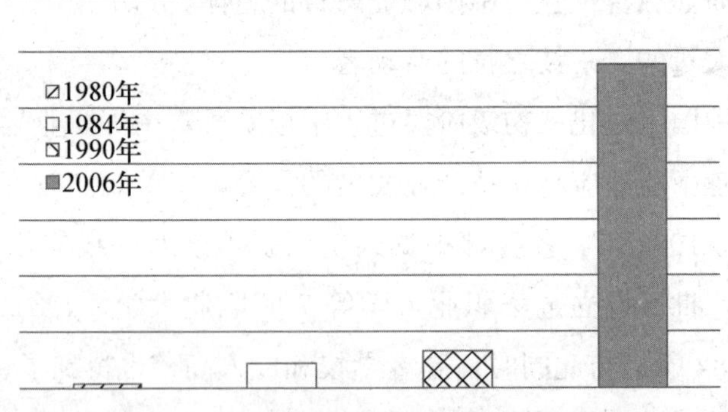

图 4—2　中国高等职业院校数量增长图

2002 年，全国第四次职业教育工作会议提出要大力发展高等职业教育规模，要形成政府主导、依靠企业、充分发挥行业作用、社会力量积极参与的多元办学格局。2006 年，国务院启动在全国范围内建设 100 所示范性高等职业院校计划。

这个阶段职业教育发展的最大特点就是建立普通教育与职业教育双轨并行的教育结构。使职业教育招生规模超过普通教育招生规模是中国教育结构改革的目标。1991 年，中等职业教育占比已超过 50%，

2007 年，全国有普通本科院校 740 所，高职院校 1 168 所。高等职业教育快速发展的一个重要原因是改革开放后中国高等教育逐步走上了以学科为中心的办学模式。这种办学模式重视理论教学，轻视实践教学。学生没有一技之长，无法满足生产一线对技能型人才的需要。由于普通高等教育无法培养具有创新力和实践能力的高级专门人才，大力发展高等职业教育才成了中国的战略选择。

三、新型工业化：职业教育与普通教育立体交叉

经过市场导向的快速工业化发展阶段，中国经济在 20 世纪 90 年代进入了一个基本适应居民消费结构升级需要、以市场为基础、技术含量和附加价值逐步提高的新的重化工业发展阶段。由于重化工业资本有机构成较高、投资需求大、能源消耗大、环境污染严重，可持续发展问题日益凸显。在这种背景下，2002 年党的十六大在总结中国工业发展和工业化经验的基础上，提出走新型工业化道路。新型工业化是与传统工业化相对而言的，传统工业化以牺牲资源和环境为代价，新型工业化注重经济的可持续发展；传统工业化看重工业化进程中工业数量的扩展，新型工业化则重视工业化过程中依靠信息化和现代科学技术提升工业质量。

随着数字化时代的到来，全球知识创造和技术创新的速度明显加快，为新科技革命和新工业革命不断积蓄了巨大的能量。新工业革命正在深刻改变着生产组织方式和世界经济格局，进而改变了人类的生活、学习方式和生存状态。科技创新已成为各国经济结构调整和持续健康发展的决定性力量，许多国家都将创新人才的培养提升到国家发展的战略核心层面。在这种背景下，2012 年党的十八大明确提出要实施创新驱动发展战略，强调科技创新是提高社会生产力和综合国力的战略支撑。这预示着中国工业化战略的重大转型：从“追赶战略”

转向“创新驱动发展战略”，尽快跻身创新型国家行列。创新驱动发展战略大大丰富了新型工业化道路的内涵，为中国职业教育的改革与发展提供了难得的机遇。

实施创新驱动发展战略、走新型工业化发展道路需要建立现代职业教育体系。作为培养产业发展所需的技术技能人才的一种教育类型，职业教育的发展动力源于经济技术的发展水平。中等职业教育上移高等职业教育，就是经济技术发展水平提升的结果。随着新工业革命的到来，产业所需的人才的层次将进一步提高。新工业革命需要本科层次甚至研究生层次的职业教育，职业教育层次上移已成为全球趋势。以欧洲为例，德国本科层次职业教育的学生占比超过1/3，芬兰为45%，荷兰高达60%。中国长期处于世界产业链的低端，技术升级和产业转型困难重重的一个重要原因是缺乏高端技能型人才。技能型人才培养弱化源于教育的体制机制：对高职做分层处理而不是分类处理，在精英教育情结的影响下，普通高校抢走了大量人才，却把这些人才培养成没有一技之长的“无用”之才。破解问题的关键是建立现代职业教育体系。2010年，《国家中长期教育改革和发展规划纲要（2010—2020年）》明确提出：“到2020年，形成适应经济发展方式转变和产业结构调整要求、体现终身教育理念、中等和高等职业教育协调发展的现代职业教育体系，满足人民群众接受职业教育的需求，满足经济社会对高素质劳动者和技能型人才的需要。”

这个阶段职业教育发展的特点是普通教育和职业教育立体交叉。这种“双轨制、立交桥”的现代职业教育体系包括以下几个方面：

一是在职业教育体系内部，建立系统培养技术技能人才的体系。要构建从初等职业教育、中等职业教育到高等职业教育的系统完整的技术技能人才培养体系。其中，在内部衔接上，主要是解决中职与专科、专科与本科、中职与本科、高职与专业学位研究生四种形态的衔接。

二是建立职业教育与普通教育开放沟通的体系，形成同层次沟通、上下层次衔接的格局。同层次沟通有三种方式：第一，允许通过适当方式双向转学，并认可相关课程的学分；第二，课程相互引入，特别是鼓励普通学校引入职业教育课程；第三，联合培养，取长补短，满足社会对人才的需求。上下层次衔接有两种形式：第一，普通学校通过职业预备教育和职业教育课程，为学习者升入高一级职业院校做准备；第二，职业院校强化文化素养教育，符合条件的毕业生可以升入高一级普通学校。

三是建立职业教育与继续教育融合发展的机制。职业教育与继续教育融合发展的关键是通过学习者在教育体系与人力资源市场的双向流动，使国家对人才培养的要求、经济社会发展特别是技术进步的需求、学习者对职业发展的需求和终身教育发展的需求统一起来。在终身学习理念的指导下，不但要求所有职业院校、普通高校都要承担职业培训的职责，而且强调高职院校要用相当大的比例来招收有相关工作经验的学习者，越到高一级学校比例越大。

第 5 章

民办教育体制变迁与创新

5 民办教育体制变迁与创新

周　详

党的十一届三中全会之后，随着改革开放的不断推进和市场经济的蓬勃发展，我国民办教育事业异军突起，已成为我国教育事业的重要组成部分。自 1997 年国务院颁布《社会力量办学条例》开始至今，我国形成了以《中华人民共和国民办教育促进法》为核心的一整套民办教育法律法规政策体系。在教育管理逐步法治化、规范化的制度变迁环境下，民办教育取得了可喜的成就，民办教育数量持续增长，办学层次丰富多样，覆盖范围不断扩展，社会影响不断增强，已经成为我国教育事业最具活力的重要增长点。

我国民办教育的发展，吸引了大量非财政性资金，扩展了教育经费的来源与形式，利用多元化的手段促进了教育的普及。与传统公立教育模式不同，民办教育灵活应对市场需求，推进校企合作、产学结合，逐步向规模化、产业化、集团化的方向拓展，满足了人民群众多样化的教育需求，有效地推动了我国教育的公平和均衡发展，也有力地促进了我国基本教育理念的实现和教育制度的完善。

一、民办教育发展与政策变迁过程

（1）政策破冰（1978—1991 年）。

1956 年，社会主义改造完成之后，我国消除了教育的私有化，国家统一进行管理和调控。1978 年党的十一届三中全会的召开，确立了改革开放的方针，标志着我党工作中心的根本转移，经济发展对多样化人才的需求开始凸显。从那时开始，北京、上海、天津等地的一些社会人士利用闲置教育资源，开设文化补习班、职业培训班，成为改革开放以来中国民办教育的雏形。

1982 年《宪法》第十九条第四款规定“国家鼓励集体经济组织、国家企业事业和其他社会力量依照法律规定举办各种教育事业”，第一次以最高法律的形式确立了民办教育存在的合法性。1984 年 3 月，全国第一家国家承认学历的民办公助体制的高校——北京海淀走读大学成立。

1985 年《中共中央关于教育体制改革的决定》强调："要充分调动企事业单位和业务部门的积极性，并且鼓励集体、个人和其他社会力量办学。"1986 年 4 月 12 日第六届全国人民代表大会第四次会议通过的《中华人民共和国义务教育法》第九条规定："国家鼓励企业、事业单位和其他社会力量，在当地人民政府统一管理下，按照国家规定的基本要求，举办本法规定的各类学校。"1987 年国家教委发布的《关于社会力量办学的若干暂行规定》提出："社会力量办学是我国教育事业的组成部分，是国家办学的补充。"这一系列政策从教育基本法律的高度承认了民办教育的合法地位。

截至 1991 年底，我国民办高等教育从零起步，民办普通中小学已达 1 199 所，其中中学 544 所，小学 655 所，民办幼儿园 12 091 所。① 经过我国改革开放以来的政策破冰，我国多类型、多层次、多学科的民办教育体系初具规模，并在不断的尝试过程中缓慢发展与完善。

(2) 迅速崛起（1992—1996 年）。

1992 年党的十四大召开，标志着我国由计划经济体制向社会主义市场经济体制转变，国家开始鼓励民办教育的发展。十四大报告明确"鼓励多渠道、多形式社会集资办学和民间办学，改变国家包办教育的做法"，民办教育的合法性在中央政府文件中再次得到确认，政府对民办教育的管理方式进行创新尝试，开始了全方位的制度变革。

1993 年 2 月 13 日，中共中央、国务院印发《中国教育改革和发展纲要》，对民办教育的管理模式进行结构性的调整，决定"改变政府包揽办学的格局，逐步建立以政府办学为主体、社会各界共同办学的体制"，确立"积极鼓励、大力支持、正确引导、加强管理"的十六字方针。其后出台的《民办高等学校设置暂行规定》，确认了民办教育教师和学生与公办教育主体拥有平等的法律地位。

---

① 参见中华人民共和国国家教育委员会计划建设司：《中国教育事业统计年鉴(1991—1992 年)》，北京，人民教育出版社，1992。

1995 年颁布的《中华人民共和国教育法》，以教育基本法的形式确定了民办教育的重要地位。我国民办教育在教育法律体系中合法的生存空间逐渐扩大，《中华人民共和国教育法》成为民办教育相关制度完善的基础性法律文件。

据统计，全国民办高等教育机构从 1991 年的 450 所增至 1995 年的 1 219 所。1994 年 2 月，经过国家教委的受理和审批，民办黄河科技学院、上海杉达学院等 6 所民办高校首次具备了颁发学历证书的资格。到 1996 年底，全国具有颁发学历文凭资格的民办学校达到 21 所，在校学生 1.4 万人；高等教育文凭考试试点机构达到 89 所，在校学生 5.1 万人；其他不具有颁发学历文凭资格的民办高等教育机构有 1 109 所，在校学生达到 108 万人。①

我国的民办教育在一批先行者的尝试下，规模、数量迅速膨胀，势不可当。

（3）法制完善（1997 年至今）。

1997 年 7 月，国务院颁布了《社会力量办学条例》，标志着我国民办教育开始进入“依法办学”“依法治理”“依法行政”的法治化发展阶段，民办教育相关法律制度的建立开始受到重视。1999 年召开的第三次全国教育工作会议，明确提出：“鼓励社会力量以各种方式举办高中阶段和高等职业教育，有条件的也可以举办民办普通高等学校。”此后我国民办教育的政策、法律法规逐步健全，办学层次也不断完善，规模开始扩大。民办教育的发展开始“与公办教育并重”。

1999 年，《面向 21 世纪教育振兴行动计划》提出：“今后 3～5 年，基本形成以政府办学为主体、社会各界共同参与、公办学校和民办学校共同发展的办学体制。”同年 6 月，中共中央、国务院《关于深化教育改革，全面推进素质教育的决定》强调：“进一步解放思想、转变观念，积极鼓励和支持社会力量以多种形式办学，满足人民群众

---

① 参见金忠明、李若驰、王冠主编：《中国民办教育史》，399 页，北京，中国社会科学出版社，2003。

日益增长的教育需求，形成以政府办学为主体、公办学校和民办学校共同发展的格局。凡符合国家有关法律法规的办学形式，均可大胆试验。”这些指导性政策文件的出台，为我国民办教育灵活发展预留了空间，参与民办教育的主体逐渐增多，模式也呈现多元化的趋势。

2002 年 12 月 28 日，第九届全国人民代表大会常务委员会第三十一次会议通过并于 2003 年 9 月 1 日起施行了《中华人民共和国民办教育促进法》，开始了我国民办教育法制化的新纪元。2004 年 2 月 25 日国务院第四十一次常务会议通过并于 2004 年 4 月 1 日起施行了《中华人民共和国民办教育促进法实施条例》。2007 年 1 月《民办高等学校办学管理若干规定》通过，自 2007 年 2 月 10 日起施行。这些民办教育法律法规的出台，标志着我国民办教育的管理从政策主导，走向了法治引导，民办教育的发展拥有了专门性的基础法律文本。

2010 年，国务院颁发的《国家中长期教育改革和发展规划纲要(2010—2020 年)》进一步明确了“民办教育是教育事业发展的重要增长点和促进教育改革的重要力量”，奠定了公办教育与民办教育共同发展的格局。

2012 年 6 月发布的《国家教育事业发展第十二个五年规划》又以制度建设确保民办教育的持续健康发展。教育部发布《关于鼓励和引导民间资金积极进入教育领域 促进民办教育健康发展的实施意见》，鼓励民办教育的发展，努力完善其制度环境。

由于政策的鼓励和支持，截至 2015 年底，全国共有各级各类民办学校 16.27 万所，比上年增加 7 435 所；招生 1 636.68 万人，比上年增加 72.83 万人；各类教育在校生达 4 570.42 万人，比上年增加 268.52 万人。其中，民办高校 734 所（含独立学院 275 所），比上年增加 6 所；招生 177.97 万人，比上年增加 5.01 万人；在校生 610.90 万人，比上年增加 23.75 万人。其中，硕士研究生在校生 509 万人，本科在校生 383.33 万人，高职（专科）在校生 227.52 万人；另有自考助学班学生、预科生、进修及培训学生 31.53 万人。民办的其他高等教育机构 813 所，各类注册学生 77.74 万人。①

二、民办教育发展的问题与对策

民办教育的兴起和发展是新时期我国改革开放的一项标志性成果。② 其发展过程也是我国教育改革与探索过程的一部分，虽然取得了巨大的成就，但仍然有些制度性的瓶颈需要解决，主要呈现如下的问题：

（一）机构法人性质不明确，民办学校权益难以全面保障

在法律规范层次，现行法律法规缺少对民办学校性质的明确界定，具体可操作条文缺失。依我国现行法规，民办学校实行“民办非企业单位”法人登记，而我国 1986 年公布实施的《民法通则》中没有与之相对应的法人类型。

在法律实践中，民办学校有时被当作企业法人对待，有时被当作非营利法人对待，模糊的分类管理方式导致管理的随意性增强，民办学校的合法权益难以得到落实。这种模糊的法人性质给民办学校在税收、财政、管理等方面带来了不便。

第一，征税制度设计有待完善，民办学校财税负担重。

根据财政部和国家税务总局联合下发的《关于教育税收政策的通知》（财税［2004］39 号）规定，对学校经费中纳入财政预算管理的或财政预算外资金专户管理的收费不征收企业所得税。而民办学校收入由于没有纳入预算内和预算外的资金专户管理，即使从事学历教育的民办学校也难免成为企业所得税征税的对象，甚至因此引发诉讼，

---

① 参见《2015 年全国教育事业发展统计公报》，见 http://www.moe.edu.cn/srcsite/A03/s180/moe_633/201607/t20160706_270976.html，2016-07-06。

② 参见袁贵仁：《在中国民办教育协会成立大会上的讲话》，载《中国教育报》，2008-06-26。

司法审判与立法制度之间存在衔接问题。

财会制度上，民办学校需要适用《民间非营利组织会计制度》，此制度设计的会计科目无法体现出资者的资产数额，致使举办者在学校终止清算时无法收回投入的资产，其余公益清算财产的归属在法律上也不明确，举办者所有权权益的保护还有待加强。

第二，法人财产权得不到有效保护，资本进入缺乏保障。

《中华人民共和国民办教育促进法》虽然规定民办学校享有法人财产权，但没有明确规定原始投入资产、办学积累资产、剩余资产等不同性质资产的所有权性质，与我国民办学校办学的实际状况有所出入。目前，部分出资人为了保障资产安全及获取一定的投资回报，都以介入学校管理的方式来对学校法人财产实行实际的控制，这给学校正常秩序和教学质量带来了隐患，不利于民办学校的独立和长久发展。

2007 年 2 月公布的《民办高等学校办学管理若干规定》要求“民办高校的资产必须于批准设立之日起 1 年内过户到学校名下”。但是，由于相关的法律条文规定模糊并且不可操作，导致公益财产和投资人权益都得不到有效的保护，公益财产的归属容易产生纠纷。

第三，民办教师权利保障有待提高，身份认同感不足。

由于民办学校法人属性不清，民办学校教师无法与公办学校教师享有同等权利，不能纳入和参照事业单位管理。医疗保险、养老保险和公办学校教师相比差异明显。同时，民办学校教师无法计算教龄，导致民办学校和公办学校之间教师双向流动受到限制，民办学校师资质量无法得到有效保障。

教师身份的“二元制”已经成为影响民办学校教师队伍建设的瓶颈，整个民办教育难以吸引高层次人才，民办教育发展后劲不足，严重制约民办学校教育质量与业务水平的提高。

总体而言，民办教育的法人类型不明确和法律条文的不可操作性极大地影响了民办教育的发展，在国家深化体制改革的大背景下，有几个可能的发展方向，对民办教育的发展都将有良好的促进作用。

(1) 在事业单位分类改革的背景下，我国民办教育的相关法人制度将会逐渐完善。公益性社会组织的管理也将纳入完善的法人体系制度中来，营利性与非营利性分类管理的系统制度设计与政策调整将逐步实现。通过分类管理改革的试点，区分营利与非营利的法人模式，将最终解决由于法律制度的矛盾带来的一系列问题。

(2) 随着法律制度的完善，民办学校内部法人治理问题突出的情况也将逐步得到解决。传统企业的家族式管理方式导致的举办者与管理者权责关系不清、监管机制不完善等问题都将通过引入现代公司法人治理模式而解决。现代法人治理结构将很好地解决传统民办教育的管理问题。

(3) 教师是民办学校发展的重要影响因素，创造性地建立符合民办学校特质的人才体制、政策保障是政策改革的重点。利用公益财产的特殊公共属性，以灵活的机制建立一支相对稳定和有较高素质的师资队伍，是民办学校保证教学顺利实施、教育质量稳步提高和承担教育教学改革重任的首要前提。充分发挥民办教育的灵活优势，创新地构建灵活的用人机制，与公办学校形成良性的人才流动，将逐步增强民办教育的活力。

(二) 民办教育相关的制度优惠无法落实，制度差异与歧视仍然存在

民办教育属于公益事业，承担了部分政府服务职能，减轻了政府责任，帮助政府完成了一定的社会服务功能，政府应当依法平等给予政策优惠，公立与民办教育两者在目的上具有相同的价值内涵。

《中华人民共和国民办教育促进法实施条例》规定，政府委托民办学校承担义务教育任务的，应当根据接受义务教育学生的数量和当地生均教育经费标准，拨付相应的生均经费。对于捐资举办的民办学校和出资人不要求取得合理回报的民办学校，依法享受与公办学校同等的税收及其他优惠政策；出资人要求取得合理回报的民办学校也有

相应的税收优惠。

然而，在办学实践中，一些地方政府对承担义务教育的民办学校并未按地区生均经费的标准拨付经费，税收优惠政策各地执行标准不一。近年来，随着民办教育承担公共服务的职能不断增强，地方政府对民办教育的奖励扶持措施也在持续探索中，已经有一些省份设立了民办教育发展政府专项资金，并根据地方的实际情况对民办教育给予一定资金支持与政策扶植。

由于法律法规的不完备，投资性资本进入学历教育领域存在障碍。《中华人民共和国教育法》规定“任何组织和个人不得以营利为目的举办学校及其他教育机构”，但公司的宗旨是“股东利益最大化”，两种利益群体的最终目标之间存在根本性矛盾。《中华人民共和国民办教育促进法》规定，举办者可以取得“合理回报”，但《民间非营利组织会计制度》规定“任何单位或个人不得因为出资而拥有非营利组织的所有权；收支结余不得向出资者分配”。不同法律部门对“合理回报”的理解存在冲突。

《中华人民共和国担保法》规定：学校不可作为担保人，学校的教育设施不得用于抵押。虽然《中华人民共和国民办教育促进法》规定“国家鼓励金融机构运用信贷手段，支持民办教育事业的发展”，但至今没有具体的措施出台，使民办学校在建设用地、信贷融资、教学科研、资产经营增值等活动上都无法享有与公办学校同等的政策待遇，给民办学校的发展带来了不小的阻碍。

产权制度、税收政策和融资政策的不一致、不协调、不清晰，导致在现有法律制度框架下，我国民办学校的投资举办主体受到相当大的限制，无法获得资本市场的资金支持，这也是导致目前我国民办学校实践中偏重营利性行为和投资回报的根本原因，也极大地阻碍了公益资金进入民办教育领域。

（1）问题并非完全由于民办教育的自身特性产生，主要根源在于我国教育类公益组织的宏观管理和立法体系不完善。

国家对独立学院和民办高校的设置条件规定不一，缺少公平的竞争环境，资源配置的方式不同，相关法律法规及行政规章之间不一致，导致民办教育行政管理的单一化与教育发展多元化的矛盾。推进法律法规的健全，平衡资源多元化的实现手段是保证民办教育健康、稳定最为重要的手段。

(2) 法律制度是社会观念的反映，法律制度又反过来影响着社会观念的形成，民办教育的立法需要破除旧有观念。

我国需要及时清理并纠正对民办学校的各类歧视性政策，在试点基础上推进建立民办学校分类管理制度，制定分类管理的具体政策。分类管理的制度需要系统设计，推进实施分类管理要做好新旧政策的完善和调整，同时要做好平稳过渡的政策安排，将公办教育与民办教育纳入共同的监管体系中来进行统一的宏观调控，保证民办教育良性、健康发展，形成理性的社会观念。

(3) 依法保护民办学校举办者权益，提高举办者的办学积极性。

要尽快出台国家政策与具体措施，积极引导民间资金进入教育领域，在民办学校产权归属、用地、融资、合理回报、税费减免等方面明确举办者权益，免除举办者办学的后顾之忧，防止急功近利的逐利行为出现，在民办教育领域建立正常、稳定、合理、有效的投融资秩序，切实维护民间资本进入教育领域的积极性。

三、中国民办教育的发展与展望

民办教育是健全的教育体系不可缺少的组成部分，其重要性不言而喻。我国民办教育发展平稳，法律法规正在不断完善，但内部竞争不断加剧。数据显示，我国民办学前教育规模保持较快增长，民办义务教育稳中有升，民办普通高中规模基本稳定，民办中职教育规模下降比较明显，民办专科教育规模呈现下降趋势，民办本科教育规模增长较快，民办培训机构总体规模不断扩大。

随着适龄入学人口的减少、公办学校的扩招以及境外大量优质教育资源的涌入，特别是在 WTO 教育服务观念的影响下，民办学校将逐渐在市场竞争中分流，并逐步走向成熟。从我国各教育阶段学龄人口数量发展趋势的预测看，各阶段学龄人口总体呈下降趋势，教育适龄人口减少，将导致生源下降趋势最明显，民办教育生源不足的问题将更加尖锐，这对于民办教育来说机遇和挑战并存。

应该说，中国民办教育发展面临着许多共性的问题，依法落实民办学校的办学自主权，是民办教育发展的生命线。总体而言，民办学校在专业课程设置、教材选用、教育教学管理、招生收费等方面受到的行政管制仍然过多，严重制约了民办学校灵活性的发挥。民办学校普遍存在低水平重复建设和同质化现象，教学质量堪忧，没有形成比较优势和核心竞争力。

经过长期的实践与探索，政府逐渐意识到要切实办出人民满意的教育仅靠发展公办教育是难以实现的，因此从宏观战略上明确提出要鼓励引导社会力量兴办教育，再次确认民办教育的发展同样是保障和改善民生的重要方面，要积极发展民办教育。

党的十八大报告指出："经济体制改革的核心问题是处理好政府和市场的关系，必须更加尊重市场规律，更好发挥政府作用。"同时指出要"更大程度更广范围发挥市场在资源配置中的基础性作用……完善开放型经济体系，推动经济更有效率、更加公平、更可持续发展"。《国家中长期教育改革和发展规划纲要（2010—2020 年）》也特别指出要"依法落实民办学校、学生、教师与公办学校、学生、教师平等的法律地位，保障民办学校办学自主权。清理并纠正对民办学校的各类歧视政策。制定完善促进民办教育发展的优惠政策"。因此，促进民办教育的可持续发展，既要充分发挥政府作用，也要尊重市场规律，两者不可偏废。

国务院于 2012 年 7 月颁布的《国家基本公共服务体系"十二五"规划》把民办教育纳入基本公共服务体系，明确指出："创新基本公共服务供给模式，引入竞争机制，积极采取购买服务等方式，形成多元参与、公平竞争的格局，不断提高基本公共服务的质量和效率……

推动普通高中多样化发展，促进办学体制多元化，扩大优质资源……建立政府主导、社会参与、公办民办并举的办园体制……鼓励社会力量举办幼儿园，积极扶持民办幼儿园特别是面向大众、收费较低的普惠性民办幼儿园发展，采取政府购买、减免租金、以奖代补、派驻公办教师等方式，引导和支持民办幼儿园提供普惠性服务。”

政府职能转变将从传统公办教育的管理思维定式和固有模式中脱离出来，依法落实民办学校办学自主权，探索和利用民办教育机构的制度优势，鼓励和引导社会资本参与公共教育服务设施建设和运营管理，逐步引导和提升民办学校进行内涵式发展。

公办教育以提供基本公共服务为主，民办教育以提供选择性教育为主。一定程度上两者共同承担了公共服务的职能，这是民办教育的公共性和市场的双重属性决定的。推动公办教育和民办教育共同发展是各级政府应当承担的责任，是满足人民群众教育需求的多元化手段，是建设服务型政府的题中应有之义。

我国民办教育改革将通过政府的宏观调控与充分发挥市场机制的调节作用，引导民间资金逐步投入和民办学校规范、优质地发展，最终提升民办教育整体发展水平，扩大全民族的优质教育资源，满足各级各类多元化的教育需求，构筑其与公办教育共同发展的良好局面。

Education for the Future

Education for the Future

第 6 章

完善高等教育质量评估体系

6 完善高等教育质量评估体系

周光礼

高等教育质量评估是指以大学这一组织为对象，对该组织的教育质量水平进行判断的活动。高等教育评估是以大学作为评估对象，来自大学之外的评估就是外部评估，来自大学之内的评估就是内部评估。一般来说，没有外部压力的内部评估很难产生积极效果，因此，外部评估才是高等教育质量保障体系的核心组成部分。作为系统化、常态化和制度化的质量保障体系，大学外部质量评估体系主要包括三个方面：认可评估、认证评估和社会评估。认可评估是政府主导的行政评估，评估主要在大学设立时进行。由政府制定具体和相对严格的大学设立标准，准备举办大学的个人或组织向政府提出申请，政府经过各种形式的严格审查，最终核准大学的设立。[①] 这种评估的特点是：设立时进行比较严格的审查，但设立之后的行政监督相对比较宽松。认证评估是来自教育中介组织的评价，它是由社会团体制定大学设立准入标准，符合标准的大学才被认定为合格大学。这种评估的特点是：设立时的认证不是很严格，但是要定期（5 年一次）进行再认证。认证评价又包括两种类型，一种是由民间组织实施的认证评估（美国式认证评估），另一种是由准政府机构实施的认证评估（英国式认证评估）。社会评估又称多元化的市场评估，其中最具代表性的是大学排名。这种评估方式旨在适应高等教育市场的多元主体和多元需要，以公众能懂的语言认识高等教育质量的内核。这种评估的特点是：只是对大学声誉的检验，并不是一种最有效的质量保证方法。认可和认证是现代高等教育中两种最基本的评估形式。

一、中国高等教育评估制度的发展

中国高等教育评估制度起步于 20 世纪 80 年代，伴随着世纪之交高等教育的大规模扩招而不断发展，当前已初步形成了高等教育评估

---

① 参见徐国兴：《日本高等教育评价制度研究》，8 页，合肥，安徽教育出版社，2007。

的基本构架。在精英高等教育时代，高等教育被认为不存在质量问题，高等教育的大众化引发了人们对高等教育质量滑坡的担忧。高等教育评估制度就是在这种背景下发展起来的。回顾 30 多年的探索，整个制度变迁过程主要分为两个阶段：探索性阶段（1983—2002 年）和规范化阶段（2003 年至今）。

第一个阶段的评估分合格评估、优秀评估和随机评估，评估标准不统一。1983 年，改革开放后的第一次高等教育工作会议在武汉召开，在这次会议上，首次提出要加强高等教育评估理论研究和探索开展高等教育评估工作。1985 年颁布的《中共中央关于教育体制改革的决定》第一次明确使用“高等学校办学水平评估”的说法，首次提议在中国建立高等教育评估制度。1985 年 11 月，国家教委决定首先在工科院校中开展办学水平、专业和课程的评估试点工作。这是中国高等教育评估的最早探索。1986 年，国务院正式发布《高等教育管理职责暂行规定》，明确了政府在高等教育评估中的职责。1990 年，在前期研究和试点的基础上，国家教委正式发布了《普通高等学校教育评估暂行规定》，第一次系统地界定了高等教育评估的指导思想、目的、任务和基本形式，确立了政府认可性评估制度。1993 年的《中国教育改革和发展纲要》提出要建立各级各类教育的质量标准与评估指标体系。在规划纲要的推动下，从 1994 年起，国家教委开始有计划、有组织地实施对普通高校的本科教学工作水平的评估。与此同时，国务院学位委员会启动了研究生教育评估，这项评估主要包括研究生院评估、博士硕士学位授权点评估、一级学科整体水平评估以及优秀博士学位论文评估。1995 年颁布的《中华人民共和国教育法》明确规定：“国家实行教育督导制度和学校及其他教育机构教育评估制度。”1998 年颁布的《中华人民共和国高等教育法》规定：“高等学校的办学水平、教育质量，接受教育行政部门的监督和由其组织的评估。”自此，高等教育评估具有了法律依据。从 1994 年到 2002 年，教育部组织实施的高等教育评估活动有：1994 年对“文化大革命”结束后新建院校的合格评估，1996 年对办学历史较长、水平较高的重点建设院校的优秀评估，1999 年对介于前两者之间的其他高校的随机水平评估；到 2002 年，教育部先后对 192 所高校进行了合格评估，对 16 所高校进行了优秀评估，对 26 所高校进行了随机评估。

第二个阶段建立了常态化、规范化的评估体系。随着高等教育大众化，教育质量问题日益凸显。2004 年，教育部发布了《2003—2007 年教育振兴行动计划》，正式确立了五年为一周期的高等教育评估制度。2004 年 8 月，教育部高等教育教学评估中心正式成立。作为教育部直属的行政事业单位，该机构的主要职责有：第一，根据教育部制定的方针、政策和评估指标体系，具体实施高等学校教学、办学机构教学和专业教学工作的评估。第二，开展高等教育教学改革及评估工作的政策、法规和理论研究，为教育部有关政策的制定提供参考。第三，开展与外国及港澳台地区高等教育评估（认证）社会中介机构的合作与交流。根据政府授权与有关非政府组织和民间机构签订有关高等教育教学评估协议。第四，开展高等教育教学研究的民间国际交流与合作。第五，开展评估专家的培训工作。第六，承担有关高等教育评估的咨询和信息服务工作。教育部高等教育教学评估中心的建立标志着高等教育评估工作的体制化。在教育部的推动下，各省级教育行政部门也成立了评估机构，各个高校也成立了评建办公室。这个阶段的一个重要的制度突破是逐步引入专业评估和认证评估，初步建立起完善的高等教育质量监控体系。

二、社会问责与大学外部质量评估体系

社会问责是指政府、中介组织和社会公众有权要求高校对教育目标负责，高校有义务向各利益相关者报告、解释、证明或回答有关高等教育资源使用及其效果的情况。这是一个高校证明自身履行职责、实现办学绩效并不断提高教育质量的过程。社会问责包括政府组织的本科教学评估、专业机构组织的教育认证以及社会组织进行的大学排

名，这些构成了大学外部质量评估体系。

本科教学评估因其权威性和普遍性而成为中国大学外部质量评估体系的核心。本科教学评估在“以评促建、以评促管、以评促改、评建结合、重在建设”方针的指导下，对中国高校乃至整个高等教育都产生了深远的影响，也积累了较为丰富的经验。中国本科教学评估始于 20 世纪 80—90 年代，21 世纪初本科教学评估工作进一步制度化。以 2002 年为界，中国本科教学评估可以分为两个大的阶段：一是分散化评估阶段；二是整合性评估阶段。（1）分散化评估阶段。1985 年《中共中央关于教育体制改革的决定》提出，“教育管理部门还要组织教育界、知识界和用人部门定期对高等学校的办学水平进行评估”。1990 年，国家教委发布的《普通高等学校教育评估暂行规定》指出：普通高等学校教育评估包括合格评估、办学水平评估、选优评估、学校内部评估四种形式。其中，合格评估开始于 1994 年，主要用于 1976 年以后新建、本科教育历史较短、基础比较薄弱的学校，1994—2001 年共评估了 179 所学校；优秀评估开始于 1996 年，主要用于 100 所左右本科教育历史长、基础好、工作水平高的“211”工程重点建设学校，1996—2000 年共评估了 16 所高校；随机性水平评估开始于 1999 年，主要是针对介于上述两类学校之间的普通院校，1999—2001 年共评估了 25 所院校。[①]（2）整合性评估阶段。2002 年，教育部将合格评估、优秀评估和随机性水平评估三种方案合并为一个方案，并制定了《普通高等学校本科教学工作水平评估方案》。2003 年，教育部针对独立学院、高职高专院校也分别制定了评估方案。2004 年，《2003—2007 年教育振兴行动计划》明确提出实行“五年一轮”的普通高等学校教学工作水平评估制度。同年，成立了隶属于教育部的行政性事业单位高等教育教学评估中心，指导和组织本科教学评估工作。2007 年，《教育部财政部关于实施高等学校本科教学质量

---

① 参见郑立、严欣平：《我国高等学校本科教学工作水平评估工作的问题与对策》，载《中国考试》，2008（9）。

与教学改革工程的意见》《教育部财政部关于批准“高等学校本科教学工作分类评估方案项目”和“全国高校教学基本状态数据库系统项目”建设的通知》《普通高等学校本科教学工作水平评估学校工作规范（试行）》《普通高等学校本科教学工作水平评估专家组工作规范（试行）》等规范性文件相继发布。2003—2008 年，教育部依据《普通高等学校本科教学工作水平评估方案（试行）》对中国近 600 所本科院校进行了评估（见表 6—1）。

表 6—1　　第一轮高校本科教学评估结果

	2003 年	2004 年	2005 年	2006 年	2007 年	2008 年	合计	比率
优秀	20	30	43	100	160	71	424	71.99％
良好	19	19	28	24	38	16	144	24.45％
合格	3	5	4	9	0	0	21	3.57％
不合格	0	0	0	0	0	0	0	0
院校数	42	54	75	133	198	87	589	100％

资料来源：根据教育部本科教学水平工作评估中心网站数据整理而成。

中介组织的认证评估是外部质量保障体系的重要组成部分。认证评估是美国人的首创。认证评估不同于政府组织的评估，认证评估是高校自发组织起来结成认证团体，旨在向社会表明自己的质量和水平。在管办评合一的体制下，高校不用担心资源的获得和质量的证明问题，因为政府既是办学主体又是评价主体。作为民间自发成立的中介评价机构，教育认证组织在中国发展十分缓慢。《2003—2007 年教育振兴行动计划》明确提出要建立专业认证制度，但学校认证制度始终没有提上日程。专业认证针对专业教育项目，旨在判断专业教育项目是否达到了最低办学标准；学校认证针对学校整体情况，旨在审查整个学校是否达到了最低办学标准。党的十八届三中全会提出教育改革的总目标是推进教育治理体系和治理能力现代化，这为认证评估提供了巨大的制度空间。

大学排名是大学外部质量保障体系的重要补充。大学排名就是大学排行榜，是指按照一定的、共同适用的指标体系对大学进行评分，并按照分数高低顺序对大学进行排列。大学排名以社会大众能懂的语言开展高校评估，受到社会大众的普遍欢迎，现已成为大学外部质量评估体系中最受关注的新形式。大学排名的历史可以追溯到 1911 年，当年美国教育部公布了美国大学协会制作的 344 所大学的排名报告，排在前几位的大学依次为哈佛大学、芝加哥大学、哥伦比亚大学、加利福尼亚大学、耶鲁大学、密歇根大学、康奈尔大学、普林斯顿大学、约翰·霍普金斯大学、威斯康星大学和明尼苏达大学。但真正意义上的大学排名是 1983 年《美国新闻与世界报道》推出的世界大学排行榜。这个大学排行榜最初只是粗线条地将大学分为全国性和地方性两类，并以问卷的方式请大学校长们评选出各自心中最佳的五所大学。在其影响下，英国《泰晤士报》（1986 年）、德国《明镜周刊》（1989 年）、加拿大《麦克林》杂志（1991 年）等相继开始发布本国的大学排行榜。当前大学排行在世界各国成为最具影响力的质量报告，对高等教育系统的问责产生巨大影响。中国最早的大学排行榜是 1987 年 9 月中国管理科学研究院科学学研究所发布的。这个排行榜以美国费城科学情报研究所公布的《科学引文索引》（SCI）为数据源，对中国 87 所重点大学进行排序。这个只有一项指标的大学排行榜极具意义，它标志着中国学者从此开始了对大学的定量排名研究。1989 年，中国管理科学研究院科学学研究所依据国外及全国刊物论文、专利批准、国家级奖三项指标对全国 87 所重点高校进行了分类排序。这是中国首次采用多项指标的大学排名。自此之后，一大批大学排行榜纷纷出炉，较有影响的有武书连的大学排行榜、网大大学排行榜、上海交通大学的世界大学学术排行榜、武汉大学的世界大学科研竞争力排行榜、中国校友会的大学排行榜。大学排名评价的出现打破了此前政府部门对大学评价的垄断，有利于建立社会对大学的监督机制，促进大学的良性运行。

三、自我改进与大学内部质量评估体系

中国外部质量评估体系以政府组织的本科教学工作水平评估为主

体。作为一种行政问责的评估，第一轮本科教学工作水平评估的有效性受到质疑。我们调查发现：人们认为教学评估有效性“一般”的占比为40%，有效性“较好”和“很好”的占比合计为24%，有效性“较低”和“很低”的比率高达36%。“一般”及“一般”以下共计达到76%。[①] 针对政府问责的有效性不高，学界提出把评估交给社会。然而，由于社会中介机构不发达及大学办学数据不公开等原因，公众对民间评估呼声虽高，但又有怀疑。实际上，不管是政府问责还是社会问责，都没有根本触及大学自我问责。最近，教育部要求各大学发布《质量报告》，人们对大学定期发布质量报告期待很高，希望以此为契机建立高等教育质量内部评估体系。然而，由于大学发布质量报告是应教育部的要求而做的，而不是学校自愿做的，大学发布质量报告不是为了改进教学，而是为了避免惩罚，问责性质量报告难免“假大空”。[②]

中国大学质量评估体系建设应做战略性调整，应从外部问责转向内部改进，应由外部强制性评估制度转向高校“自愿问责机制”建设。以问责为目的的质量调查不易得到大学的配合，因为令人不满意的业绩表现将会带来惩罚性行为或者是来自外部的变革压力。正是由于这种评估会对大学造成一定威胁，大学领导会极力控制学校绩效信息，并片面强调突出亮点，刻意隐瞒不利信息。如果评估的目的不是问责，而是促进大学自身改进，则能得到大学的全面配合。这是因为这种评估能够保证调查的保密性，大学领导、学生以及大学的其他成员能够在改进质量的工作中结成紧密的同盟。前者代表外部强制性评估制度，后者是一种“自愿问责机制”。促进学生发展归根结底需要高校自身来实现，高校内部评估体系在教育质量建设中起基础性作用。实际上，外部质量评估体系要真正发挥作用，也只有在高校积极

---

① 参见周光礼、周湘林：《中国高等教育质量评估体系有效性研究——基于社会问责的视角》，127页，长沙，湖南人民出版社，2012。

② 参见郭卉：《高校自我评估与教学质量改进》，载《高等工程教育研究》，2012(3)。

主动的配合下才能实现。大学内部质量评估体系主要包括如下几个方面[①]：第一，对学生学业的考试。传统的学生学业考试是依靠个别教授的权威，他们既教自己的学生又测验自己的学生。现在的新观点是要对大学生进行统一的综合性考试。开发超越各门具体课程的更大目标，用这种普遍适用的共同目标来评估学生学业成为了社会的共同期待。一般认为，对本科生的评估至少要包括三个方面：学生的写作和口语、通识教育、主修科目。第二，论文答辩。通过要求毕业生都写毕业论文可以使学生把专业教育和通识教育联系在一起。学生在毕业时写综合性的毕业论文，可以把自己的主修科目与有关历史的、社会的或伦理道德的问题联系起来。第三，学生学习投入度调查。为了解学生作为群体怎样受到学校文化背景的影响，可以采用各种调查手段。其中学生学习投入度调查 NSSE（National Survey for Student Engagement）是一种行之有效的方法。作为学生质量评估体系，学习投入度关注学习者的学习行为。学习投入度有两层含义：第一个层面指学生在校园中的学术活动与非学术活动的投入程度；第二个层面指学校能够吸引学生投入各项学术活动和非学术活动的程度。基于此，NSSE 主要从两个层面进行调查，一方面是调查学生做了什么，另一方面是测量学校做了什么。当前这项调查已经被引入国内，成为中国高校内部质量评估体系的重要组成部分。第四，公民教育评估。公民教育是大众化时代高等教育的重要目标，国外一般通过政治效能感检测大学在政治社会化方面所起的作用。借鉴国外的经验，我们认为，对于中国高校学生从事课外活动和完成学校所提出的社会公益服务情况，应该纳入高校内部质量评估体系。

此外，围绕学生的学业建立内部质量评估体系还需要针对影响学生学业的各种因素，分别建立内部质量控制体系。第一，建立教师业绩评估体系。促进教师专业发展和调动教师教学的积极性是关键性的

---

① 参见周光礼：《超越问责逻辑，建立大学内部质量保障体系》，载《大学教育科学》，2012（4）。

质量保证条件。为了激发教师的积极性，可以设置不同层级的人才岗位，明确每个岗位的标准。这种教师绩效评估考核体系一般应与激励机制相结合。第二，建立课程评估体系。与国家精品课程建设相配合，对学校的各项课程项目进行评估。结合同行评价制度、教师自评制度、网上评教、教学督导制度、学生教学信息员制度等多种途径，对课程教学进行评估和反馈，及时准确地掌握课程教学状态，采取有效措施改进课程教学。第三，引入全面质量管理。全面质量管理在高校的运用，核心是四个方面：强调顾客的需要、愿望和满意度，强调教育和管理服务的可持续提高，强调过程分析和绩效，强调人际关系中的文明礼貌、真诚公正、具有责任感。

下篇 高教改革与机制创新

第 7 章

构建终身教育体系

7

构建终身教育体系

周　详

“终身教育”这一术语是1965年在联合国教科文组织主持召开的成人教育促进国际会议期间，由联合国教科文组织成人教育局局长法国人保罗·朗格朗（Parl Lengrand）正式提出的。1972年，埃德加·富尔在《学会生存》中对“终身教育”加以确定，并提出未来社会是“学习化社会”。这两个概念所引发的教育思考已经在世界范围内广泛展开，并逐渐制度化。

终身教育以终身学习为目的，一定程度上我们将终身学习和终身教育指称同一现象的不同方面。一些学者认为，终身学习强调的基本特征是“有意义的学习”，而学习场所也不限于学校等正规的学习场所，一切能够被个体或组织利用的设施及资源都可以包含在内。

1994年在罗马举行的第一届世界终身学习大会所采用的定义为：“终身学习是21世纪的生存概念，通过终身学习发挥人类的潜能，鼓舞人们使用自己的权利去获得工作、学习、生活等所需要的全部知识、价值、技能与增进理解，并顺利而愉快地应用这些知识与技能，从而实现人的全面发展。”

不同研究者对终身学习的定义有不同的理解，有学者综合相关的理念，从不同层次对终身学习的内涵进行概括，从不同的维度对终身学习的特征进行总结，便于我们理解相关概念。

时间上：贯穿人生全程的教育历程；

范围上：包含了正规、非正规与非正式的学习活动在内；

本质上：一个综合性的整体，一个完整不可分割的体系；

观念上：人生全程的发展及需要，从强调不同于传统教育以学校为中心的新观点出发；

目的上：使人们不断追寻更高、更好的生活品质。①

由此可见，终身学习在时间维度上具有连续性，在范围上辐射面非常广泛，在哲学层面是人类社会发展与个体发展的有机结合，包含了社会和个体对于教育观念本身的认同与突破，最终是面向人和社会

① 参见胡梦鲸：《终身教育典范的发展与实践》，113页，台北，中正书局，1997。

的发展，这也是终身教育的目的所在。

学习型社会（Learning Society），即以学习为核心，以全民学习为主体，以终身教育体系为基石，以学习型组织为基础，以运行机制为保障，以学习工作化和工作学习化为标志，以促进人的全面发展为目的，以营造学习氛围为环境，以实现与时俱进、开拓创新、推进社会发展为结果的全民学习、终身教育的社会。① 这种社会，是能够满足全民基本的终身学习需求的新型教育社会形态。②

学者们认为，学习型社会的构建有三个需要明确的基本问题。③第一，明确“一个中心”：以社会学习者为中心。第二，明确“两个目的”：促进社会成员全面发展和社会价值得以充分实现，促进社会可持续发展。第三，明确“四个关键性要素”：包括学习型组织、终身教育体系、终身学习服务体系、终身学习文化，这四个方面构成了学习型社会的基石、构架和灵魂。

终身教育与学习型社会有着密切的联系，终身教育是学习型社会构建的基础，两个概念彼此依赖，是手段和目的的关系。可以说，一次性的学校教育，已经不能满足人们不断更新知识的需要，终身学习将成为社会发展的必然趋势和要求，最终，人人都将成为终身学习者。

一、终身教育在中国发展的回顾

终身教育概念引入我国相对较晚，直到1979年由联合国教科文组织、国际教育发展委员会编著的《学会生存——教育世界的今天和

---

① 参见连玉明：《学习型社会》，1页，北京，中国时代经济出版社，2004。

② 参见陈乃林：《关于终身教育与学习型社会的多维解读》，载《成人教育》，2008(1)。

③ 参见朱新均：《学习型社会建设的理念、路径和对策》，载《现代远程教育研究》，2011(1)。

明天》一书翻译出版，终身教育概念才在中国得到普遍认可，并引起了很多学者和专家对终身教育理论的研究和实践，取得了不少研究成果。目前，终身教育已成为国家制定教育政策的主导思想之一。

1993 年，《中国教育改革和发展纲要》首次正式使用“终身教育”概念。1995 年，中国政府将“建立和完善终身教育体系”“为公民接受终身教育创造条件”“国家鼓励发展多种形式的成人教育，使公民接受多种形式的政治、经济、文化、科学、技术、业务教育和终身教育”写进了《中华人民共和国教育法》，终身教育的理念开始正式进入教育基本立法体系。

1999 年颁布的《面向 21 世纪教育振兴行动计划》和《关于深化教育改革，全面推进素质教育的决定》，强调终身教育将是教育发展和社会进步的共同要求，提出到 2010 年中国要“基本建立起终身学习体系”的改革目标，同时提出实施“现代远程教育工程”，形成开放式教育网络，构建终身学习体系，试图通过现代的信息化手段来促进终身教育观念在全社会范围内的推广。

2002 年，党的十六大报告《全面建设小康社会，开创中国特色社会主义事业新局面》明确提出，教育发展的总体目标是要“构建终身教育体系……形成全民学习、终身学习的学习型社会，促进人的全面发展”。2004 年，《2003—2007 教育振兴行动计划》又明确提出，“鼓励人们通过多种形式和渠道参与终身学习”，“以更新知识和提高技能为重点，开展创建学习型企业、学习型组织、学习型社区和学习型城市的活动”，适时起草“终身学习法”，通过国家政策的倡导，持续强调终身学习的重要意义。

2007 年，党的十七大报告明确提出了“努力使全体人民学有所教”的奋斗目标，进一步强调要“建设全民学习、终身学习的学习型社会”，学习型社会的观念逐渐深入人心。

到 2009 年，全国已有 60 多个城市提出建设“学习型城市”“学习型社会”的目标。一些省（区、市）还提出了建设学习型社会的要求，出台了相关政策措施。

2010 年《国家中长期教育改革和发展规划纲要（2010—2020 年）》提出，“构建灵活开放的终身教育体系”，“搭建终身学习‘立交桥’。促进各级各类教育纵向衔接、横向沟通，提供多次选择机会，满足个人多样化的学习和发展需要”。

2012 年，党的十八大提出“完善终身教育体系，建设学习型社会”，这是我国实现全面建成小康社会和中华民族伟大复兴宏伟目标的根本保障，要求从战略高度进一步提高对终身学习重要性、紧迫性的认识，掀起了终身教育改革的新高潮。

这些政策文本都从宏观制度设计的高度对终身学习和学习型社会的构建提出了要求。随着终身教育相关政策和法规的出台，各地开始探索学习型社会构建的具体措施。目前现代信息技术的发展为学习型社会的构建提供了基础条件，终身学习的理念已经深入人心，其方式与规模将会持续不断扩展。

二、终身教育体系构建中的问题与反思

现阶段，我国对终身教育体系理念、原则及构建方式的研究还处于理解的初级阶段，对终身教育体系的立法设计和具体措施的实践探索也是刚刚起步，并没有形成一套完整的体系。总体而言，我国终身教育体系尚未建立，学习型社会的理念正在逐步普及过程中，全社会进行终身学习的社会氛围还没有形成。由于我国经济发展和改革的特殊历史条件限制，构建具有中国特色的终身教育体系和学习型社会仍然任务艰巨。

第一，终身教育和学习型社会的观念不够普及。

我国在推行终身教育的过程中，往往将终身教育看成是正规学校教育的补充，将终身教育等同于成人教育、职业教育或继续教育等现存教育形态。这样容易导致终身教育这样一种中立价值观的教育思想在中国的传统教育观念中不被重视，从而自然淘汰。同时，在一些研

究和政策文件中，终身教育和学习型社会也是作为理想化的概念被人们所认知的，虽然法律法规和各级政府文件经常能够看到这一概念，但社会总体上缺乏对其内涵、特征、意义及具体实施的解释，政策倡导不具有可操作性，导致理念流于形式，处于理解的初期。

传统的社会经济结构决定了人们对于终身学习的观念理解有偏差。根据“中小学生学习和发展课题组”的调查显示，只有 4.3%的高中生因“喜欢上学”而读书。另外 32%的成年人和 30%的初中生认为高等教育的普及和终身教育是“太荒唐”和“没有必要”。[①]

从积极就业的角度，普通民众接受成人教育等其他教育形式的动机主要来源于外部压力，并未形成自觉自愿的学习氛围，很大程度上仍然是以获得某种从业资格或劳动认证证书为目标，具有明显的功利主义倾向，有强烈的经济目的取向。可以说，以发展为特征的终身教育理念还没有被大众理解，全民学习的氛围并没有形成，联合国教科文组织所倡导的终身教育的四大支柱“学会认知”“学会做事”“学会合作”“学会生存”还远未深入人心。

第二，国家政策、法律法规体系的构建不够完善。

我国政策导向偏功利化，把终身教育视为成人教育，并以职业技能训练及岗位培训倾向为主，导致终身教育与职业教育或者简单的再就业相关，曲解了终身教育的基本内涵。职业化倾向与终身教育的“教养性”“公益性”“福利性”等目标并不相符，这也是终身教育不被重视的重要原因。

这样的思维导致教育立法框架的模糊，终身教育立法无法很好地在我国现有教育法律法规体系中定位，从而使得构建终身教育体系的教育改革实践缺乏政策的统一性、连贯性和协调性，反映在立法上就体现出条文的模糊性和宣言性，制度存在空白，缺乏可操作性。

同时，我国到目前为止没有与终身教育相关的基础立法，终身教

---

① 参见南海、王星星：《中国大陆终身教育体系构建中的问题与对策》，载《职业技术教育》，2011 (22)。

育的定义、内涵等并没有在正式的法律法规中得到解释。虽然目前部分地区已经制定或在酝酿拟定地方性的终身教育法规来保证终身教育体系构建的顺利实施，但在全国性立法没有出台的情况下，这样的地方立法虽然有积极的、实质性的优势，但也不免缺乏相应的上位法指导，相关教育制度的融合与衔接还有待探索。

2005 年，福建省率先制定《福建省终身教育促进条例》，由福建省人大常委会正式通过，开创了我国各省（区、市）制定终身教育法律法规的先河。《上海市终身教育促进条例》由上海市第十三届人民代表大会常务委员会第二十四次会议于 2011 年 1 月 5 日通过，2011 年 5 月 1 日施行，山西省太原市 2012 年 9 月 28 日审议批准出台《太原市终身教育促进条例》，而《河北省终身教育促进条例》由河北省第十二届人民代表大会常务委员会第八次会议于 2014 年 5 月 30 日通过，自 2014 年 7 月 1 日起施行。这些政策标志着地方政府在构建终身教育体系的征程上迈出了踏实的一大步。

最终的终身教育基本立法，应当明确以终身教育和终身学习为目标的发展战略框架，确定政府、社会、个人在终身教育过程中的权利和义务，保证教育资源在终身教育中的均衡配置，通过国家立法的形式完善终身教育的投入问题。

第三，教育改革和环境建设方面还不理想。

我国的教育管理体制一直处于“条块分割、多头管理”的混乱状态，效果并不理想。这在一定程度上影响了终身教育理念的普及，也阻碍了终身教育观念的深入研究和立法。

首先，基础教育方面的应试选拔倾向、课程改革的滞后等都制约着终身教育的发展和学习型社会的构建。中国目前教育的考试文化还十分流行，这种制度化的传统应试教育和填鸭式教学法容易让学生失去对学习的兴趣和动力。“如果一个成人对自己的教育失去了兴趣，如果他除例外情况以外，总是对正规和非正规的教育没有热情，那就是由于他在易受影响的年龄，即青少年时期，没有从提供给他的教育中发现他需要和期望得到的东西。”①

其次，高等教育制度缺乏弹性，如学校在专业设置上仍受限制，学生转学或跨校选课仍有障碍，高等教育阶段的学习自由并不充分，学生的学习自主权没有充分实现。高等教育制度不仅不能保障高等教育机构实施终身教育，反而会成为高等教育机构实施终身教育的障碍。②

最后，继续教育投入不足，社会参与度低。学历继续教育走向多样化，函授、夜大、成人脱产班、高等教育自学考试等教育类型的受教育人数不断增加。客观上，我国非学历教育需求旺盛，但供给不足、质量不高，这是由我国特殊的教育传统观念决定的，普通民众对学历教育的重视程度要远远高于非学历教育，这一点的改变同样依赖于社会整体观念的变革。只有改变了传统文凭社会的教育观念，我们才可能理解终身教育的观念和构建学习型社会。

2010 年全国继续教育经费总收入为 208.03 亿元，下降了 1.54%。继续教育的经费来源以国家财政性教育经费为主要渠道，各级财政对继续教育的投入起保障性作用。2010 年，国家财政性继续教育经费中，各级继续教育机构公共财政预算教育经费为 110.77 亿元，约占当年国家财政性教育经费的 91.96%，各级政府征收用于继续教育的税费为 6.82 亿元，约占当年国家财政性教育经费的 5.66%。企业办学中，用于继续教育的企业拨款为 1.77 亿元，约占 1.47%。③ 国家的财政投入和社会观念的认同都给终身教育的普及带来了制度性障碍。

同时，社区教育是终身教育的重要一环，也是创建学习型社区、学习型社会、学习型城市等的基础，终身教育的理念和实践构成了学

---

① [法] 保罗·朗格朗：《终身教育引论》，15 页，北京，中国对外翻译出版公司，1985。

② 参见叶翔：《我们当前终身教育体系构建中存在的主要问题及对策探讨》，湖南师范大学硕士学位论文，2003。

③ 参见赖立等：《中国继续教育发展报告 2012》，8～9 页，北京，教育科学出版社，2012。

习型组织构建的基础。当前，我国的社区化程度不高，社区教育与地区经济发展衔接不足，继续教育仍以行业性教育为主，缺乏社区的重视，终身教育、地区经济发展与社区之间的关系还需要进一步探索。

信息技术是现代终身学习和学习型社会普及的基础，也为理念的普及提供了平台。随着信息技术日新月异，技术不断进步，数字化、远程化的内容传播方式让学习无处不在。这种方式不是对传统课堂的简单替代，从成本和便捷程度上来说，都是终身学习的重要补充途径。学习资源的丰富，和不受时空限制的学习机制，成为终身学习的重要形态之一，通过互联网进行学习的人员数量逐年增长。国家信息化建设的全面开展，以及信息化水平的逐年提升，将会使得终身学习更加普及，而新技术的普及也将带动学习型社会的构建。

大规模在线开放课程的出现，也是信息技术带来的一种革新，冲击着现有的教育形态。但需要客观分析，这种新型教育方式顺应了社会对于多元教育的需求，但并不会在短时间内改变教育的传统模式。对于风起云涌的“慕课”（MOOC）狂潮，我们需要谨慎对待。毫无疑问，知识经济时代对教育的需求更加旺盛，期待教育在时间上向终身学习、在空间上向社会化拓展，信息技术带来的变革将推动终身教育理念的普及。

终身教育本身是一种社会文化理念的倡导，因此需要引导公众形成终身学习的精神文化，鼓励政府与科学研究工作者对学习型社会进行科学研究，通过研究提升理论素养，促进学习组织的形成，努力发挥社会各主体对终身学习和学习型社会的积极作用。从政府服务的角度，探索学习与教育的多元融合模式，进行制度创新。

我们要以国情为基点，从区域经济发展和文化发展的现实教育需求出发，研究学习型社会建设中的新问题，从而更好地为我国构建终身教育体系和建设学习型社会服务。

第 8 章

高考制度改革

8

高考制度改革

周　详

高考制度既是连接大学与高中的枢纽，又是大学与社会联系的重要桥梁，承载着素质教育改革方向、教育资源配置均衡、维护社会基本公平等诸多重任，成为整个社会关注的焦点。

作为全国范围内大规模统一的大学入学考试，高考的重要性不言而喻，高考的改革一直在探索之中，但仍存在诸多困难。统一而标准化的考试方式存在单一标准与多元评价、扩大办学自主权与选拔人才手段公正等矛盾。高等教育大众化的逐步深入和高等教育系统的多样化、教育需求的多元化都对高校选才方式提出了新的挑战。

一、高考改革的基本历程

(一) 高考科目改革持续探索

1977 年邓小平出任国务院副总理，分管文教，立刻主持恢复高考。当年 10 月 12 日，国务院批转了教育部《关于 1977 年高等学校招生工作的意见》，规定凡是具有高中毕业或相当于高中毕业的文化水平等条件的工人、农民、知识青年、复员军人、干部和应届毕业生都可报名，参加高考的人数达到 570 万，录取了 27 万，录取率为 4.7%。恢复高考改变了千百万人的命运，挽救了中国教育，也挽救了整个中国。考试分文理两类，“文科考试科目：政治、语文、数学、史地；理科考试科目：政治、语文、数学、理化；报考外语专业的加试外语”①。

为了逐步提高大学生的外语水平，推动中小学外语教学，1979 年国务院根据教育部的建议，规定，“凡报考重点院校的，外语成绩先按 10%计入总分，今后逐年提高计分比例”，“报考一般院校的，录取时只作为参考分”②。1980 年，报考所有本科院校都要求考外语，以成绩的 30%计入总分，专科学校可作为参考分。1981 年，外语成绩本科以

---

① 杨学为主编：《高考文献》（下），71 页，北京，高等教育出版社，2003。

② 同上书，110 页。

50%计入总分，专科学校是否计入总分，由各省、自治区、市确定。“在理工类中增考生物学，并以 30%计入总分”。

1982 年，外语成绩本科以 70%计入总分，专科学校是否计入总分，仍由各省、自治区、市确定。生物成绩满分为 50 分。从 1983 年起，外语成绩以 100%计入总分，语文、数学分别为 120 分，生物为 50 分，其他各科为 100 分。从 1984 年起，在数学、物理、化学、英语、俄语等科目中，增加若干附加题，不计入总分，但重点高等学校录取时作为参考。

1992 年，国家教委高校学生司在《关于在普通高中毕业会考基础上高考科目设置方案的说明》中称，根据高校专业大致分为自然科学和社会科学的特点，新的方案仍分为两个考试科目组，包括了高校教学所必不可少的科目，即文科倾向的专业要求考语、数、史、政、外，理科倾向的专业要求考语、数、物、化、外。[①] 这就是人们所熟知的“3+2 方案”。1992 年 12 月，国家教委办公厅下发了《关于印发〈一九九三年试行国家教委高考新科目组考试的方案〉的通知》，将“3+2 方案”从 1993 年开始确定下来。[②]

虽然“3+2 方案”得到了绝大多数省份和大学的支持，减少了考试科目，在一定程度上减轻了学生的学习负担，但却引起了中学生物和地理教师的不满，继而生物、地理学界的一些专家也提出了考试改革的意见。

1998 年，教育部开始在部分省份进行保送生综合能力测试试点，为综合科目的命题积累了经验。在总结多年经验和进行大量调研的基础上，教育部提出了在高考科目中设置综合科目的设想。

1999 年 2 月，教育部发出了《教育部关于进一步深化普通高等学校招生制度改革的意见》，提出“3+X”的高考科目设置改革方案，计划“用三年左右的时间推行‘3+X’科目设置方案”。“3”指语文、数

---

① 参见杨学为主编：《高考文献》（下），500～501 页，北京，高等教育出版社，2003。

② 参见上书，506～507 页。

学、外语，为每个考生必考科目。英语逐步增加听力测试，数学将来不再分文理科；“X”指由高等学校根据本校层次、特点的要求，从物理、化学、生物、政治、历史、地理六个科目或综合科目中自行确定一门或几门考试科目；考生根据自己所报的高等学校志愿，参加高等学校（专业）所确定科目的考试。综合科目是指建立在中学文化科目基础上的综合能力测试，根据目前状况，综合科目可分为文科综合、理科综合、文理综合和专科综合。[①]“3+X”方案由广东省1999年进行试点，之后在全国推行。

北京高考改革从2015年起，高考英语分值将有所降低，这也成为高考改革的最新关注焦点，各省区市也依据教育部文件开展试点工作。

（二）高考考试标准化的尝试

1977年恢复高考后，考试的内容和形式仍沿用了“文化大革命”之前的模式。随着时间的推移，其缺陷越来越明显，原有文化考试本身的科学性、公正性问题逐渐引起人们的关注。由于没有考试理论做指导，导致高考的命题缺乏明确的考试目标和质量评价标准，分数赋值主观随意性很大；同时也没有专职机构研究实施考试，尤其缺少相对稳定的命题、试卷分析队伍，造成试题重知识、轻能力，引导学生死记硬背，主观题题型分值大，覆盖面小，在实际操作中诱发了猜题现象的出现。[②]

高考考试内容与形式的改革，是以广东省进行高考标准化的试验开始的。“高考的标准化，其实质是实现从传统考试向现代考试的转变，是考试的现代化，它涉及考试的内容、形式（题型）、管理、技术、统计分析等，是考试内部多项工作系统的整体改革”。而考试现代化的目标是：“实现考试的科学化、法制化、信息化；最大限度地控制考试的误差，最大限度地发挥考试的积极作用，最大限度地缩小

① 参见杨学为主编：《高考文献》（下），627页，北京，高等教育出版社，2003。

② 参见魏国东：《1977年以来中国高考制度改革研究》，河北大学硕士学位论文，2008。

考试的消极影响；最大限度地实现考试的公平。”①

1985 年，广东省开始了数学、英语两科的改革试验。1986 年增加了物理科的试验，1987 年又增加了语文、化学两科。广东省在进行命题标准化试验的同时，还进行了考务管理、评分手段、分数转换和分数解释等方面的研究和改革。

经过广东省四年的试验，1989 年 6 月，国家教委发布了《普通高等学校招生全国统一考试标准化规划》，提出“以教育测量学、教育统计学为指导，利用计算机等手段严格控制考试误差。使考试更科学、更准确地测量考生的知识和能力水平。为高等学校择优录取服务，为改进教学提供信息，为教育决策提供依据”的标准化改革目标。

《普通高等学校招生全国统一考试标准化规划》还制定出了两个阶段的目标：“1989—1991 年，根据教学大纲确定合理的知识与能力层次要求，试题的难度以及各种类型题目的比例。改进命题办法，完善试题质量评价方法，保证试题水平的相对稳定，选择题用机器阅卷，改进主观题评卷办法，严格控制评分误差；1992—1995 年，各学科建立初步可以使用的试题库，全国及各省、自治区、直辖市建立常模转换标准分。”②

国家教委考试管理中心成立后，考试从招生工作中分离出来，由考试中心管理，逐渐形成了专业化的科学命题机制。

1985 年，国家教委批准上海高招办从 1985 年开始试行上海地区考生高等学校入学考试的命题、考试，开始探索在高中毕业会考基础上的高等学校入学考试。这是分省命题的开始，同年，广东省也开始自主命题。

从 2003 年开始，教育部批准北京、天津、辽宁、江苏、浙江等省市在遵循国家统一考试大纲的基础上，按照有利于加强地方统筹、推进素质教育、有利于适当体现地方特色的原则进行自主命题。2004

---

① 杨学为：《中国高考史述论（1949—1999）》，383 页，武汉，湖北人民出版社，2007。

② 杨学为主编：《高考文献》（下），418～419 页，北京，高等教育出版社，2003。

年，自主命题的省份增加到 11 个，2005 年增加到 14 个，2006 年达到 16 个。参加分省命题的省份和考生人数均超过了全国的一半。

(三) 招生、录取模式的变迁

高考制度恢复以来的 30 年里，我国高考招生体制逐渐由单一的国家统招方式发展为统招生、定向生、委培生、自费生等多种形式，进而由“双轨制”合并为划定统一录取分数线、消除收费标准差别的“单轨制”。

从 1983 年开始，高等学校招生工作逐渐打破了单一的全国统招模式，实行国家任务与调节性计划（委托培养）两种计划形式，并逐步形成与两种计划形式相适应的两种不同的录取新生的分数标准与收费标准。[①] 这就是通常所称的计划形式与录取标准的“双轨制”。

1985 年 5 月，中共中央下发了《关于教育体制改革的决定》，提出改变高等学校全部按国家计划统一招生，毕业生全部由国家包下来分配的办法。实行以下三种办法：(1) 国家计划招生；(2) 用人单位委托招生；(3) 在国家计划外招收少数自费生，学生应缴纳一定数量的培养费，毕业后可以由学校推荐就业，也可以自谋职业。

1994 年 4 月，国家教委在《关于进一步改革普通高等学校招生和毕业生就业制度的试点意见》中指出，高校招生时，应在考生填报志愿前公布分省市、分学校、分专业招生计划，并明确公布分学校、分专业收费标准和学生奖、贷学金设置情况，供考生报考时参考；录取时，对同一学校只划定一个最低控制分数线，不再按国家任务和调节性计划两种计划分别划定分数线。[②] 同年 7 月，国务院下发的《中国教育改革和发展纲要》明确指出：“积极推进高等学校和中等专业学校、技工学校的招生收费改革和毕业生就业制度的改革，逐步实行

① 参见杨学为主编：《高考文献》(下)，172～176 页，北京，高等教育出版社，2003。

② 参见上书，524 页。

学生缴费上学，大多数毕业生自主择业的制度。”从1997年开始到2000年，高校基本实现并轨。

1985年12月，国家教委发出《关于做好普通高校试招中学保送生工作的通知》，提出在通过全国统一考试选拔新生的同时，招收少量中学保送生。保送生制度的目的在于，使高等学校更好地选拔德智体全面发展的优秀人才，鼓励中学全面贯彻党的教育方针，引导学生德智体全面发展，注意对学生综合能力的培养。1985年，在国家教委的组织下，有关高校和中学开始试行保送生工作，并取得了良好效果，为保送生制度的推广积累了经验。1988年2月，国家教委颁发了《普通高等学校招收保送生的暂行规定》，对招收保送生的目的及要求、保送生的条件、学校及比例、权利及职责等做出了详细规定，在相当长一段时间内，保送生制度平衡了专才与标准化考试之间的矛盾。

为进一步探索多样化、灵活的录取制度，1993年1月，国务院批转了国家教委《关于加快改革和积极发展普通高等教育的意见》，提出“进一步改进招生和入学考试办法。坚持德智体全面考核、以文化考试为主、择优录取的原则。要在高中毕业省级会考的基础上，减少高考统一考试科目，录取时参考会考成绩，对在培养人才方面有特殊要求的学校或专业，经过批准可以按系统或地区，联合或单独组织招生考试，并按有关规章录取新生”。

同年，上海工业大学等院校本着“扩大高校招生自主权，实施多样化选拔新生”的宗旨，开始进行改革试点，自主确定和调整本校招生计划和各专业的招生人数，自主确定考试科目，自主确定录取标准和录取办法，对有特殊才能的学生实行破格录取。[①] 这种尝试有效地扩展了我国对于多样化人才特质的认识，对优秀人才的选拔方式进行了积极的探索。

---

① 参见金彪、胡荣根：《统一考试自主招生：对上海市普通高校招生考试制度改革的思考》，载《上海高教研究》，1993（4）。

此后，教育部及部分省份也陆续开展了类似的改革试点工作。在前期改革的基础上，2003 年，教育部批准北京大学等 22 所高校开始进行自主选拔录取新生的工作。具体办法是：由相关院校对报名考生进行审查，在进行文化测试或面试后，确定入选考生名单。高考后，成绩达到生源省确定的与试点高校同批录取控制线的考生，省级招生办向选拔考生的试点高校投档，由高校根据先期考核、公示和高考成绩择优录取。2014 年底，教育部下发《关于进一步完善和规范高校自主招生试点工作的意见》，要求 2015 年开始，各高校不得组织“联考”，时间在高考后，出分之前。

目前，高考改革工作仍在继续进行，随着社会的发展，还将持续变化，其成效尚有待观察，也存在这样或者那样的问题。但可以肯定的是，在坚持教育公平的原则下，进一步扩大高校招生自主权和办学积极性，将是我国高考制度改革的必然趋势。

二、改革的困境与方向

高考的改革不是一个简单的问题，有着相当复杂的历史背景和现实原因，采取简单取消或是调整都无益于实现教育的公平。到目前为止，并没有特别适合的大学入学评价替代方案，这是由高考本身的属性以及我国特殊的人口结构与规模决定的，受到中国独特的社会因素影响。曾有学者总结了高考改革最为突出的几大矛盾，这些矛盾将在相当长的时间内存在。

第一，考试公平和区域公平之间的矛盾。

第二，统一考试与选择专才之间的矛盾。

第三，保持难度与减轻负担之间的矛盾。

第四，扩大高校自主权与保持公平、公正录取之间的矛盾。

第五，考试的多样化与高效、简便录取之间的矛盾。

第六，考生能力与公平可比之间的矛盾。①

公平问题一直是高考改革关注的焦点，核心便是考试公平和区域公平之间的矛盾。② 这一现实困境反映的是我国区域人口结构不均衡带来的高等教育资源分配不均衡问题。

我国现行的统一高考制度，具备了形式上的公平，实现了“分数面前人人平等”。然而，虽然各高校大都面向全国招生，实际录取学生也采取分省定额划线录取的方式，但各省（区、市）的录取名额并不是按照考生数量平均分布，而是根据高校分配给各省（区、市）的名额按照考生的分数由高到低录取，这就使各省（区、市）录取的分数不统一，从而导致对于公平的质疑。由于这样的现象短期内无法解决，“高考移民”现象也将长期存在，这不断加剧了高考引发的社会矛盾，也让高考改革更加艰难和复杂。

总体而言，高考改革是一项复杂的社会系统工程，人才选拔模式和人才培养模式之间存在着巨大的衔接困难，高考改革需要体制创新与制度环境的改善，社会民众对待高考、对待大学本身的传统观念和态度也决定着高考改革的方向。

2013 年 12 月 7 日，《中国教育报》刊发题为《考试招生改革总体方案制定完成》的报道，披露了高考改革的七大举措和改革亮点。报道称，改革拟对外语考试实行社会化一年多考，不再统一在高考时举行。报考高职拟可不参加高考，由学校依据其高中学业水平考试成绩和职业倾向性测试成绩录取。2014 年底前各地须出台细则，2017 年推广实施。这个改革方案引发了全社会的广泛关注。

2014 年 9 月 4 日，全国高考改革方案正式公布，初定为（全国卷）考语数外三门，外语一年两考，再让学生选考三门，按五级制评价。方案具体包括：

---

① 参见《在“考试公平与教育公正”研讨会上——高考改革存在六个两难困境》，见 http://edu.people.com.cn/GB/1055/3514417.html，2005-07-04。

② 参见李立峰：《中国高校招生考试中的区域公平研究》，2 页，武汉，华中师范大学出版社，2007。

（1）高考命题杜绝繁难偏旧，基本以2013年的试题难度为标准。

（2）2016年，英语将正式退出新高考，但是学生的会考成绩计入高考总分（A等100分，B等85分，C等70分），学生可以多次报考会考，最终以最好成绩为准。

（3）在2016年之前，高考英语分值逐年降低：2015年，英语120分，相应地，语文将提高到180分；2016年，英语100分（会考），语文提高到200分。

（4）除了少数民族加分政策以外，其他加分政策都将取消。

（5）志愿填报也有微调：考前填报，但从2015年开始执行平行志愿，第一志愿可以同时报2个，第二志愿可以同时报3个。

可以说，近期高考改革突出四个“强调”：一是强调两个基本出发点，即适应国家人才需求，适应立德树人的根本任务要求；二是强调三个有利于的原则，即有利于促进学生健康成长，有利于科学选拔人才，有利于维护社会公平；三是强调改革的系统性、综合性；四是强调指导改革的教育理念，即促进有教无类、因材施教、终身学习、人人成才。

本次改革的总体目标是，到2020年基本建立中国特色现代教育考试招生制度。它包括三个重要组成部分：形成分类考试、综合评价、多元录取的基本模式；健全考试与招生相对分离，学生考试可多次选择、学校依法自主招生、专业机构组织实施、政府宏观管理、社会参与监督的运行机制；构建衔接沟通各级各类教育、认可多种学习成果的人才成长“立交桥”。①

在改革考试评价制度方面，重点包括两个方面：一方面，推行高中学业水平考试和综合素质评价，引导学生学好每门课程，并选择适合自己兴趣的课程，充分发展个性潜能和学科特长，同时引导学生参加公益服务和社会实践等。另一方面，全面实施高中学业水平考试制

① 参见《考试招生改革总体方案制定完成：建立分类考试、综合评价、多元录取的高考制度》，载《中国教育报》，2013-12-07。

度，探索“减少考试科目”“不分文理科”“外语科目实行社会化一年多考”等改革。外语不再在统一高考时举行，由学生自主选择考试时间和次数，增加学生的选择权，并使外语考试、成绩表达和使用更加趋于科学、合理。

在改革招生录取制度方面，普通高校逐步推行基于统一高考和高中学业水平考试成绩的综合评价、多元录取机制。加快推行职业院校分类招考和注册入学，体现职业教育的特色。高职院校的学生甚至可不参加高考，学校依据其高中学业水平考试成绩和职业倾向性测试成绩录取，这对于现行高等教育的入学机制已经是巨大的突破。

在时间安排上，2014 年由国家发布总体方案及高考改革等各领域的改革实施意见，有条件的省份开始综合改革试点或专项改革试点，各地结合本地区实际，最迟 2014 年底前出台本地区的具体实施办法。同时，2017 年总结成效和经验，推广实施。到 2020 年，基本形成新的考试招生制度，实现改革总体目标。

在试点的过程中，按照积极稳妥、统筹兼顾、试点先行、有序推进的原则，充分考虑现有改革基础，充分考虑相关实施主体对改革的实现能力和社会各方面的承受能力，加强具体实施方案的可行性论证，审慎操作，做好试点工作，逐步推开。

改革方案的公布将充分考虑我国教育的具体条件和国家考试的周期性，按照“三年早知道”的原则提前公布，保证在校高中生不受影响，给考生和社会以明确稳定的预期，确保改革过程平稳有序，维护社会和谐稳定，用有效的制度手段维护学生受教育的合法权利。

三、具体原则与措施

首先，建立健全入学机会公平的保障机制。

改革高校招生计划管理，国家对优质高等教育资源相对短缺的地区采取支持性政策，扩大实施“中西部地区招生协作计划”，加快缩小区域差距；对基础教育薄弱的农村、边远、贫困、民族等地区采取倾斜性政策，扩大实施“农村贫困地区定向招生专项计划”；对进城务工人员随迁子女在当地参加升学考试完善配套政策；建立起招生机会公平的动态监测和调节机制。严格考试招生管理，完善考试诚信、安全的管理制度。清理并严格规范各类加分政策，建立个人、学校考试评价诚信档案体系，加大对诚信失范行为的处罚力度。全面深入实施招生“阳光工程”，完善信息公开公示制度，加强高校招生自律，严肃招生纪律，加强责任追究，完善社会监督机制。①

其次，深化高中课程考试改革。

国家改革统一高考的重要基础就是统筹高考和高中学业水平考试各自的功能定位。今后的考试主要考查学生高中学业完成情况，将分别采用合格和等级方式来呈现考试成绩，减轻压力，减少高考科目，探索不分文理科设置考试科目。探索外语科目一年多次的社会化考试，学生可自主选择考试时间和次数。②

最后，实现招生和考试相对分离。

科学的招考制度需要还原相关主体相对独立的身份，构建政府、高校、考试机构之间的新型关系，具体政策内涵包括政府宏观管理、专业机构组织实施、高校依法自主招生和社会参与监督，从而使得多方参与者各司其职、各归其位，形成多方协同、多强联动的格局。转变政府角色，通过政府服务职能来协助大学招生与培养自主权的实现，防止政府过度干预。

强调政府在考试招生过程中的调控作用，完善高校招生名额分配方式和招生录取办法，促进教育公平和社会公平。实现“主体分离”“职能分离”“责任分离”。强调让高校真正成为招生的主体，理顺政府、高校和考试机构的职责关系，使学校能够依法自主招收符合自己学校特点和专业培养要求的人才。规范各类考试标准和招生行为，强

---

① 参见《教育部副部长刘利民解读考试招生制度改革》，载《人民日报》，2013-12-09。

② 参见《教育部：高中考试取消百分制 每门课学完即考》，见 http://gaokao.eol.cn/bkzc_2915/20131206/t20131206_1048901_1.shtml，2013-12-06。

调考试和招生过程的公开透明，让考试和招生在阳光下运行，明确责任，接受监督，督促完善考试评价规则和方式。[①]

高考牵动着千万考生和家长，改革顶层设计，将有利于消除“一考定终身”的弊端，逐步扭转高考指挥棒的单一作用，采用多元的选拔方式和标准扩大高等教育的招生规模，构建科学合法的考试制度，促进社会公平公正，达到社会的和谐。

---

① 参见周海涛、景安磊：《招考分离：跨出高考制度改革的一大步》，载《求是》，2014 (6)。

第 9 章

教师人事制度改革

教师人事制度改革

周　详

中国教师人事制度改革的方向就是在国家的宏观调控下，让市场机制在教师资源配置中起到基础性的作用，真正赋予学校应有的用人权和教师的职业选择权。[①]

十多年来的教师人事制度改革便是以聘用制为核心的改革，这一改革朝着法治化的道路在迈进，在教师资源的配置上不断起到优化的作用。但时至今日，它的效果还不能令我们满意，存在一系列的问题，甚至面临相当程度的困局。这些问题需要在法治化的轨道上通过制度创新来解决。

一、聘用制引领的教师人事制度改革

学校的公益性质与教师的特殊身份决定了市场机制在教师资源配置方面的作用有限。教师的工作性质决定了政府在教师资源配置过程中的必要作用，聘任制是平衡政府与市场的关键因素，我国的教师人事制度改革主要围绕聘用制展开，是引入市场机制的途径之一。

2001年，中央编办、教育部、财政部根据《国务院关于基础教育改革与发展的决定》颁布了《关于制定中小学教职工编制标准的意见》，这是新中国成立以来颁布的第一个权威的中小学编制标准，为实施中小学人事制度改革奠定了坚实基础。

2002年发布的《国务院办公厅转发人事部关于在事业单位试行人员聘用制度意见的通知》涉及的内容详尽、全面，进一步加快了我国教师聘任制的改革。

2003年，人事部办公厅发布《关于深化中小学人事制度改革的实施意见》，将人事部的改革试点落实到教育领域，按照“公开、公平、公正”的原则，采用考试、考核相结合的办法，对新进教师实行公开招聘，创新了教师考录机制，在法律程序上明确规定了聘任

① 参见董克用：《中国教师聘任制》，1页，北京，中国人事出版社，2008。

制教师的权利。同年，《国务院关于进一步加强农村教育工作的决定》提出要严格按照法律来推行教师资格制度，全面推进教师聘任制。

2003 年底，教育部召开了“全国中小学教师人事工作会议”，提出了改革的具体要求和计划。

2004 年的《2003—2007 年教育振兴行动计划》指出，要始终遵循按照需要设定工作岗位，坚持公开、公正、公平的招聘及严格考核等原则，推行中小学校教职工聘任制度，实行全员聘任、竞争上岗、资格准入。

2006 年，人事部发布《事业单位公开招聘人员暂行规定》，明确事业单位如果确实需要重新招人，需要采用公开招聘这一模式。这是我国对事业单位招聘方式的首次统一规定，为教师聘任制改革提供了制度前提。

2009 年 3 月，教育部发布《关于进一步做好中小学教师补充工作的通知》，明确强调，从这一年开始，各地区的中小学在教师缺额这一问题上，不得采用其他的途径或方式进行自主聘任，只能以公开招聘这一模式来补充师资。教师聘任制开始成为我国教师任用的基本制度。

2010 年的《国家中长期教育改革和发展规划纲要（2010—2020 年)》提到，县一级教育行政部门应当按照相关规定严格执行其对当地中小学的教师所负有的招录聘用、职称评定及培养考核等职能，逐步推行城乡统一的中小学编制标准，实行对农村等边远地区的倾斜政策。

从各部委的政策文本与内容的变迁来看，各级各类中小学开始逐步推行以教师聘任制为主，在教职工的聘任上逐步实现全员聘任制的人事制度改革。我国教师管理模式逐步实现人事管理上由岗位管理来替换身份管理、由平等人事主体来替换行政依附、由法制管理来替换行政管理、由单位用人来替换国家用人的转变，聘用制度逐步完善。

二、问题与原因分析

接连制定的人事工作政策反映了我国中小学系统的人事制度改革已在全国范围内全面铺开，在不断探索中取得了很多进展。但是，长期形成的用人制度改革并非朝夕之事，教师人事制度改革涉及全国众多的教师，牵一发而动全局。改革过程中出现的各种问题，主要表现在新制度与旧制度冲突、教育方面与非教育方面冲突、政策制定与执行之间冲突。

第一，存在教师编制被占、编制不足等现象，导致新教师难以进入体制，代课教师成为新的问题。这样，不仅使得教师内部存在质量不均衡的问题，而且较多的农村地区存在采用代课教师解决实际教学中教师缺少问题的现象，使得代课教师问题以不同的方式又重新出现。

第二，编制管理混乱，制度缺乏弹性。编制管理属于传统计划经济体制的措施，这导致教师队伍存在结构性矛盾，教师数量在地区间、学段间、学科间存在不平衡。

第三，教师聘任制本身在合法性、科学性等方面存在严重不足。在义务教育阶段，教师身份的认定问题是聘任制实行与否和如何实行的关键。目前的改革重形式，缺乏配套措施和监督执行措施。教师对聘任制实施的必要性及作用给予肯定，但对于聘任中教师的权益保护、合同及操作过程的公正性及透明度并不十分满意。[①] 实践中教师相关权益也容易受到损害，权利救济机制还不完善。

教师人事制度改革的主要问题在编制管理和聘任制改革上，这是市场经济条件下逐步破除计划经济影响而带来的新问题。教师传统的社会地位与教师的法律属性不相符合，是教师人事制度改革的矛盾根

---

① 参见田凌晖、李亚东：《教师聘任制亟待深化与完善——关于上海市部分中学教师聘任制实施情况的调查与思考》，载《教学与管理》，2002（7）。

源，而从现象上来说，编制管理又是聘任制改革的重要一环，人事制度改革的核心问题在于聘任制的制度设计与具体推行措施。

首先，目前的人事制度改革偏重于管理与调控，对于教师缺乏一套系统的权益保护机制。

教师聘任程序和聘任合同的不完善，使得教师的权益保护缺少救济机制，法律保护不到位。聘任教师的合同内容以格式合同为主，并且《合同法》并不完全适用教师人事纠纷，因而导致关于聘任双方享有的权利与应尽的义务不对等。对于教师所享有的权利，校方应履行的义务，双方违约时应采取的处理方式，以及续聘、解聘教师的条件和程序等诸多细节并未做出具体明确的规定，不具备可操作性，《合同法》的基本理念还有待与事业单位总体改革的具体措施相结合，并进一步完善立法。

不完善的聘用合同和聘用程序的模糊容易造成教师聘期过短、待遇不高，教职员工普遍缺乏安全感，带来教师队伍流动性较大以及离职率较高等一系列问题，教师队伍的稳定性和工作状态不理想。目前义务教育学校大都实行两年一聘，有的一年一聘，标准不统一。过短的聘任期限，以及代课教师群体的增加，让教师队伍的心理不安定因素增加。

其次，中央和地方政府对于学校的权力和责任没有明确界定。

长期以来，义务教育阶段的学校缺少实际的教师聘任权和解聘权，法律条文规定比较宽泛，教师人事取决于学校自身的发展状况和校长个人的威望。目前，我国大部分地区依照“省考、市选、县用”原则，对中小学教师进行全省统一招聘考试。依据教师“凡进必考”的原则，面向社会公开选拔优秀教师的录用人才形式，虽然体现出了公开、公平、公正的原则，但由于其组织部门仍是各地教育部门，因而教师任用制度依然未脱离行政权的管辖范畴，权力分配不平衡。

一方面学校领导在教师聘任中的权力过大，另一方面学校又缺乏自主聘任和解聘的实际权力，容易受到上级行政主管部门干预。这种权力冲突的矛盾是中国教师聘任体制的巨大制度漏洞，需要在相当长的时间内逐步将其完善，防止权力寻租现象的出现。

目前有限的学校岗位和丰富的教师资源形成了供需不平衡，学校不担心招不到教师，在这种情况下，学校容易滥用合同条款而随意侵犯教师的权利。

另外，法规的不完善也使得教师维权困难，内部协调机制缺失使得教师维权之路十分艰辛。《中华人民共和国教师法》第三十九条规定："教师对学校或者其他教育机构侵犯其合法权益的，或者对学校或者其他教育机构作出的处理不服的，可以向教育行政部门提出申诉，教育行政部门应当在接到申诉的三十日内，作出处理。教师认为当地人民政府有关行政部门侵犯其根据本法规定享有的权利的，可以向同级人民政府或者上一级人民政府有关部门提出申诉，同级人民政府或者上一级人民政府有关部门应当作出处理。"这是教师申诉的基础法律规定。

当教师与学校产生了权益之争，按此法律条款规定的申诉程序，教师只能向教育行政机关申诉。这属于内部行政行为处理的基本程序，与诉讼的衔接还有待进一步明确。总体上，制度的完善有赖于完善劳动仲裁制度和合同制度，让教师的权利得到法律切实有效的保障。由于我国劳动合同制度的建立时间较短，教师与学校的劳动法律关系并不明确导致了合同的订立瑕疵频现，这是从法律层面需要进行根本性调整的问题，也是人事制度改革需要通盘考虑的关键因素。

三、教师人事改革的改进措施

2003 年，《关于深化中小学人事制度改革的实施意见》明确了教师人事制度改革的重要意义在于"全面贯彻党的教育方针和人才政策，尊重劳动、尊重知识、尊重人才、尊重创造，充分调动广大教职工的积极性和创造性，促进基础教育的改革与发展，促进科教事业进步，为全面建设小康社会提供保证"。

文件明确强调深化中小学人事制度改革的总体目标是：以实行聘

用（聘任）制和岗位管理为重点，以合理配置人才资源、优化中小学教职工结构、全面提高教育质量和管理水平为核心，加快用人制度和分配制度改革，建立符合中小学特点的人事管理运行机制，建设一支高素质、专业化的中小学教师队伍和管理人员队伍。

主要任务是：加强编制管理，调整优化中小学教职工队伍结构；进一步完善校长负责制，改进和完善校长选拔任用制度；实行教职工聘用（聘任）制；完善中小学教职工工资保障机制，建立健全分配激励机制；促进人才合理流动。

《关于深化中小学人事制度改革的实施意见》总体上要求从“加强编制管理，规范学校机构和岗位设置”“进一步完善校长负责制，改进和完善校长选拔任用制度”“全面推行教职工聘用（聘任）制度，进一步加强岗位管理”“完善与聘用（聘任）制度相适应，符合中小学特点的分配激励机制”“合理配置人才资源，调整优化教职工队伍结构”这五大方面对具体的执行措施进行部署，制定切实可行的解决办法，保证中小学人事制度改革顺利进行。

通过相关政策文本的分析可以看到，中小学人事制度改革的具体政策设计与布局相对完善，政策与制度建设的覆盖面比较全面，相关的法律法规体系健全。经过十余年的尝试和探索，我国在教师人事制度改革方面进行了大量的改革实践，积累了大量的经验。在充分总结的基础上，我们需要根据不同地区的特殊性在具体执行上因地制宜，保障具体措施得以落实。

另外，现代信息技术和沟通机制是人事制度改革的重要辅助手段。结合政府信息公开的相关立法和举措，利用最新的网络平台和工具收集地方改革的效果和出现的问题，并及时予以处理，利用有效的信息平台进行专家会诊，经验共享，将成功的经验进行推广，有利于在大范围内进行尝试，完善和拓展改革思路。

由于教师人事制度改革对于国民整体素质提高和政府职能转变具有关键作用，因此，必须确保政府公权力的依法行使，构建有限政府与服务型政府，监督应当成为教师人事制度改革的重点，通过行政手段平衡教育资源。

从法律体系的构建上，可以探索建立从中央到地方的监管体系，引入多方参与的监督机制，让其在义务教育阶段的教师人事制度改革过程中起到稳定、调节和平衡的作用。

近年来我国中小学教师聘任制改革取得了显著的成绩，中小学专任教师学历合格率大幅提高，高学历教师比例逐年提高，教师队伍结构不断优化，具有高级职务的教师占教师总数的比例有较大程度的提高。教师水平和质量的提高为基础教育的巩固与均衡做出了贡献。

各级政府以加强编制管理为基础，以人员聘用和岗位管理为重点，以合理配置人才资源、优化教职工队伍结构、全面提高教育质量和水平为核心，积极稳妥推进用人制度和分配制度改革，逐步建立起符合中小学特点的人事管理运行机制，为基础教育的改革发展，建设高素质、专业化的中小学教师队伍和管理队伍提供了机制保障，也对农村义务教育均衡发展起到了促进作用。

四、高校人事改革

截至 2014 年底，我国共有普通高校 2 529 所，专任教师队伍 153.43 万人，伴随着改革开放的进程，从 20 世纪 80 年代中期开始，高校人事制度改革逐步推进，走过了 30 多年的风雨历程，大体可分三个阶段。

人事改革的过程中，政府在相当长的时期内发挥了引导作用，但随着高等教育进入内涵式发展阶段，政府主导的社会变革反而可能成为高校人事改革的制约因素，如何平衡政府权力与高校自主权之间的关系是改革成败的关键。

第一阶段：20 世纪 80 年代中期到 90 年代前期。这一阶段的改革是伴随着政府机构改革相关政策文件的出台而开始的，重点是政府简政放权。高校自主管理的意识不断增强，学校内部管理制度逐渐得到重视。通过制度性的突破和改革，以按劳分配为原则进行改革尝试。

国家相继出台相关法律法规和推进高校内部管理改革的指导性文件。教育部陆续向学校下放多项人事管理权限，高校内部积极探索，实行灵活多样的用人方式，扩大校内薪酬分配自主权。上海交通大学、南京大学等部属高校和北京市所属高校率先推进以人事分配改革为重点的高校内部管理改革，推动了政府管理和高校内部管理模式的转型。

第二阶段：20 世纪 90 年代中期之后的 10 年左右。改革开放以来，中国经济飞速发展，社会观念开始逐渐转变，这一时期的改革重点是高校用人机制改革与完善探索，充分引入市场机制进行资源配置，逐步实现岗位管理。

1998 年，“长江学者奖励计划”实施，打破了高校长期形成的人事聘用传统，解放了思想，引领北京大学、清华大学创新性地实施岗位津贴制度，掀起了分配制度改革的高潮。

其后，“985 工程”“教育振兴行动计划”实施，进一步扩大了高校内部资源保有量，各大高校都开始了编制管理、岗位管理、人员聘用、薪酬分配的改革尝试，教育部在武汉大学、厦门大学等五所高校进行职员改革试点，高校人事制度改革开始成为社会关注的焦点。

第三阶段开始于 2006 年。在经历了长期的改革之后，经验与教训并存，高校人事制度改革进入完善阶段，一些相互冲突的人事管理观念和具体措施引发了深入讨论。学校开始强调高校岗位管理与聘用制改革结合，高校收入分配制度改革进一步深入，管理思想更加多元化，也开始有步骤地借鉴国际经验。

高校进一步实行岗位分类管理，全面推行公开招聘和聘用制，探索多种分配激励方式，在教职工稳定与高产之间寻找平衡。一些学校继续探索内部管理体制，推进教学科研基层组织建设，进行人事权的试点探索，并逐步回归到以教师为中心的制度创新上来。

我国高校人事改革是在政府职能调整的背景之下进行的，融合了政府、高校、教师等多方面因素。当前，国家全面深化各项改革，推进国家治理体系和治理能力现代化，高校人事制度改革面临新的重大历史机遇，法治化的发展也为人事制度改革提供了必要的法律保障。

在充分给予高校用人自主权的基础上，高校可以引入多方评价主体来完善高校教师考核评价机制，把考核评价目标定位于促进教师专业能力的持续提升上，推动高校实行以发展性评价为主、奖惩性考核为辅的考核评价模式。

从政府层面来分析，高校人事改革的广度和深度最终取决于国家宏观政策所给予的空间，构建新型的政府与大学关系是高校人事制度改革的关键。社会保障制度改革，政府和高校的职责权限，这些都是高校人事改革的必要条件。

目前，高校内部行政管理还存在政府化倾向，机构设置、职能定位、人员配置和管理方式还不能完全适应服务教育科研中心工作的要求，行政人员的服务意识和服务能力有待提高。努力完善现代大学制度和内部治理结构，将对高校人事制度的改革提供有力的支持。

高校人力资源管理改革的趋势将逐步走向精细。改革的核心，是在教师分类管理进一步精细化的基础上推进聘用制度，明确岗位职责，明确权利和义务，建立健全教师评价与奖励机制，并逐步赋予高校人事聘用和管理方面更多的自主权。

高校个性化、多样化的发展目标日益彰显，不同高校之间出现人事改革分层化和多样化趋势，学校自主性增强。政府也在服务型职能的转变过程中，不断地完善立法，通过顶层设计、信息平台等多元调控和评价手段，充分发挥高校改革主体作用，落实高校办学自主权，最终实现服务型政府与现代大学治理的平衡，完善高等学校人事制度，促进高校人才培养目标的实现，与高校综合改革相结合，更好地为社会主义事业培养人才。

Education for the Future

第 10 章

建立健全现代大学制度

10

建立健全现代大学制度

周光礼

建立健全公办高校法人治理结构是创新高校管理体制和运行机制的核心内容，是建立中国特色现代大学制度的重要组成部分。完善的法人治理结构，有利于强化公益属性、规范运行、增强活力、提高效率，更好地发挥公办大学提供公共服务的功能。[①] 法人治理的制度载体是大学的章程。大学章程实质上是政府与大学签署的公法契约，是大学的最高纲领。作为大学的“宪章”，一个完整的大学章程应该包括：Charter（特许状）、Bylaw（决策机构的议事规则）、Statue（大学管理规则），这些奠定了一个大学的基本秩序构架。根据国际通例，大学章程具有两点共同特质：一是公立大学一般是在国家的法律框架内制定章程。世界各国的公立大学章程都是基于国家法律框架制定的，英国、美国一些公立大学章程甚至是由立法机关制定的，这些为大学量身打造的章程本身就是国家法律的重要组成部分。二是大学章程的主要功用是规制大学权力运行。大学章程的主要内容是关于大学权力的分配和制约，主要包括以下几个方面：第一，规范大学与政府之间的权力关系。大学章程既规范大学办学行为，也规范政府管理行为。第二，规范大学内部各群体间的权力关系。这些关系包括党政关系、学术与行政关系。第三，规范大学与基层学术组织之间的权力关系。保障院系等基层学术组织的自治权是激活学术的心脏地带的需要。以

哈佛大学 1650 年章程（周详拍摄于哈佛大学档案馆）

① 参见张崇和：《建立健全公益机构法人治理结构是一项重大制度创新》，载《中国机构改革与管理》，2013（7～8）。

大学章程推动大学治理体系现代化是建立中国特色现代大学制度的突出特点。

一、办学自主权与大学外部治理体系

政治控制与行政自由是对立统一的关系。一方面，政治控制有其合理性。唯有政治控制，行政管理者才能有效地执行政治领导人的政策意图。任何国家都不能容忍给予行政管理者完全的自由处置事务的权力，而不考虑政治领导人的政策倾向。另一方面，行政自由是行政机构有效履行职责的必备条件。行政机构只有与直接的政治控制相分离，才能公正、有效地运作。行政机构如果经常受到政治干预，很难有效地履行其职责，这是分权制衡原则的由来。① 分权制衡原则是处理政事关系的基础：保持政策的一致性，需要政事一体；保持管理的独立性，需要政事分开。

政府和公办高校关系是历史形成的。政校关系在西方经历了两个主要阶段：（1）“政事一体化”阶段。为了实现国家目标，西方国家的政府都曾直接开办公办高校。如为了“国家、科学与荣誉”，法国创办了巴黎综合理工学院；为了实现国家工业化，瑞士创立了苏黎世和洛桑两所联邦理工学院；为了实现农业现代化，美国各州创办了一批赠地学院。从行政系统的角度看，政府直接创办公办高校有利于决策的有效执行。“政事一体化”模式有助于简化行政程序，提高行政效率。这种模式在“三权分立”的制度框架下运转顺畅，因为在这种体制下，公共政策的决定权大多集中于议会，行政部门只是一个执行机构，政事一体符合分权制衡原则。（2）“政事分立化”阶段。随着行政立法的勃兴，现代行政国家正式崛起。现代行政国家的一个重要

---

① 参见朱光明：《试论完善事业单位治理结构的基本原则》，载《理论学刊》，2010（3）。

特点是公共政策的决定中心开始由议会转向政府，行政部门日渐成为决策的真正主体。行政国家的出现挑战了“政事一体化”模式：在一体化模式下，决策与执行由同一机构承担，两者的责任界限难以明确。[①] 而且，在一体化模式下，决策与执行处于同一行政体系，且保持一种上下隶属关系，起不到权力制衡作用。为了克服一体化的弊端，西方教育行政大多采用政事分开模式。事实上，全球教育治理改革的一个重要趋势是将公办高校的法律地位从国家机构转变为自治的法人实体，不断加强大学自治。尤其是在新公共管理思潮的影响下，西方国家实行了公办高校法人化的改革。英国教育改革引入了公法人的概念，法国的公办高校被转变为公务法人，德国则提出公办高校具有公法社团和公营造物的双重属性，日本把国立大学变成更具企业性质的法人机构，丹麦等北欧国家的公办高校也已经成为自治公共机构。

从“管理”走向“治理”是中国教育行政变革的主要趋势。在计划经济时代，公办高校是政府的附设机构，不是法人实体。作为事业单位，公办高校是作为国家计划的执行机构而设立的，奉行“行政事业一体化”模式。公办高校的目标、任务、编制、经费、岗位设置、人事任免等均由教育行政主管部门负责，其财务制度、人事制度、社会福利制度等也基本与教育行政部门相同，所有公办高校均享有一定的行政级别。政府主管部门主要通过行政管理系统，采用行政命令的方式来领导和管理下属公办高校。[②] “政事一体化”的最大弊端是公办高校缺乏积极性和主动性，责任机制缺失。为此，中国进行了一系列的体制改革。1985 年，《中共中央关于教育体制改革的决定》明确提出增强学校的办学活力，扩大学校办学自主权。《中华人民共和国民法通则》确认了事业单位的法人属性，《中华人民共和国教育法》

---

① 参见朱光明：《政事分开与事业单位改革的路径选择》，载《政治学研究》，2006（3）。

② 参见朱光明：《试论完善事业单位治理结构的基本原则》，载《理论学刊》，2010（3）。

《中华人民共和国高等教育法》明确了公办高校的法人地位。然而，在实践中“行政”和“事业”两大部门却久“分”不“离”，“行政事业一体化”的格局没有根本改变。在市场经济和事业单位改制的大背景下，政府再次重视公办高校法律地位，开始将政府作为管理者、举办者与公办高校作为独立法人的行为进行区分，朝着“政校分开、官办分离”的方向迈进。

办学自主权难以落实的一个重要原因是：人们不知道在所有权和管理权分离后，政府用何种方式管理大学；政府主管部门如何实现对大学的领导；作为公立高校的所有者，政府把办学自主权交给学校后，应通过什么样的制度安排参与学校的决策和监督。① 这实际上涉及大学治理的问题。正是在这种背景下，党的十八届三中全会提出了由“管理”走向“治理”的新思路，一字之差，蕴含着重大的理论创新。管理强调自上而下的一元控制，治理强调多元参与。根据国际通例，公办高校办学自主权属于治理委员会，治理委员会应该由各利益相关者组成，包括政府、教师、学生和其他社会成员。政府通过与治理委员会签署公法契约（大学章程）明确各自的职责权利，这是大学章程的主要功用。政校分开的实质是根据“决策”和“执行”相分离的原则，通过对政府和公办高校职责界限的明确划分，将教育服务的举办主体和实施主体由传统的隶属关系转化为一种现代契约关系。

二、法人治理与大学内部治理体系

在计划经济时期，中国大学隶属于政府机关，不具备法人地位。20 世纪 80 年代后，中国政府启动教育体制改革。改革的中心是：简政放权，扩大学校办学自主权。1992 年，党的十四大确立社会主义

---

① 参见周光礼：《中国公立研究型大学法人治理结构改革——基于华中科技大学的案例研究》，载《中国人民大学教育学刊》，2012（3）。

市场经济体制改革的目标之后，学校法人的概念开始出现在各种官方文件中。1995 年的《中华人民共和国教育法》与 1998 年的《中华人民共和国高等教育法》以法律的形式确立了大学的法人地位。与大学外部治理体系变迁相对应，中国大学内部治理模式也经历了一个曲折的演化过程。

1949 年，新中国对接管的 205 所大学实施“关、停、并、转”，改造后的大学实施校务委员会制，校务委员会行使管理学校的权力。校务委员会实行集体负责、民主管理的体制。由于集体负责变成无人负责，故校务委员会制很快为校长负责制所取代。1950 年，教育部颁布的《高等学校管理规程》明确规定：所有大学一律实行校长负责制。校长代表学校领导大学的一切教学、科研与行政事宜。值得指出的是，在 1952 年的“院系调整”中，虽然各大学普遍设立党组织，但有关政策明文规定，党组织只是在政治上起核心作用，“学校中的党组织和学校行政没有领导和指导关系”。

由于担心校长负责制脱离党的领导，故强化学校党委的领导地位成为“教育大革命”中大学治理改革的主要趋向。1958 年，中共中央、国务院发布的《关于教育工作的指示》提出：在一切高等学校中，应该实施“党委领导下的校务委员会负责制”。校务委员会是党委领导下的权力机构，实行集体领导。该体制由于没有确定校长个人负责的原则，实际上党委包办了学校行政工作，校务委员会徒有其名。1961 年，为了调整和整顿“教育大革命”导致的高等教育无序发展，教育部颁发了《教育部直属高等学校暂行工作条例（草案）》（史称“高教六十条”），正式确立大学实行“党委领导下的校长为首的校务委员会负责制”。在这种治理结构中，校长的权力有所加强，大学重大事务的决策由校长提出，交校务委员会讨论决定，并由校长负责执行。“文化大革命”十年，大学的“革命委员会”成为学校的最高权力机构，校长的作用不复存在。

1978 年后，高等教育领域实行拨乱反正，原则上恢复新中国成立十七年的大学治理模式，但稍加修改。比如：20 世纪 80 年代，中国大学普遍实行“党委领导下的校长分工负责制”，取消了原来的校务委员会，设立学术委员会，由校长或副校长领导和主持，加强大学的学术管理。尽管如此，由于这种治理模式只是对“文化大革命”之前体制的简单恢复，强调党委对大学一切工作实施统一领导，因此，以党代政、党政不分的格局没有根本改变。在这种背景下，部分大学开始推行校长负责制的改革试点。这种治理模式因得到 1985 年《中共中央关于教育体制改革的决定》的支持而成为一时之风尚。这种治理模式的核心是重构行政组织，实行党政分开。主要内容包括：成立以校长为首的校务委员会，作为审议机构；成立教职工代表大会，加强民主管理和民主监督；党组织转变职能，发挥保证监督作用。1989 年以后，中共中央明确提出，在今后相当长的一个时期内，大学应实行“党委领导下的校长负责制”。1996 年 3 月，中共中央颁发了《中国共产党普通高等学校基层组织工作条例》，规定全国所有大学都实行“党委领导下的校长负责制”，不再实行“校长负责制”。1998 年颁布的《中华人民共和国高等教育法》，以法律的形式确定中国公办大学均实行“中国共产党高等学校基层委员会领导下的校长负责制”。自此，“党委领导、校长负责、教授治学、民主管理”成为中国大学治理的基本构架。

完善大学内部治理结构是建立中国特色现代大学制度的关键。多年来，中国公办大学内部治理改革进程缓慢。究其原因，主要有两个方面，一是政府与大学之间的关系没有理顺；二是大学内部的政治权力、行政权力和学术权力之间的关系没有理顺。因此，中国建立现代大学制度在宏观上表现为理顺政府与大学之间的关系，全面理解和把握公办高校作为法人实体所应具有的权力和责任；在微观上表现为理顺大学内部的政治权力、行政权力、学术权力之间的关系，在党委领导下的校长负责制框架内完善内部治理结构。

理顺党政关系是完善公办高校法人治理结构的首要问题。党委领导下的校长负责制是《中华人民共和国高等教育法》所确认的法定治理结构。在这种治理结构下，高校党委既是党的组织，也是学校的权力机构。党委常委会在一定程度上发挥学校治理委员会的作用，党委负责“三重一大”事务的决策，起着与西方大学治理委员会相同的作用。校长负责施政、执行党委决策，并担负着学校常规决策工作。[①]因此，完善高校法人治理结构需要在治理委员会与党委常委会之间建立起某种适当的制度联系。建立高校治理委员会和党委常委会“双向进入制度”是一种务实的选择，它有利于落实党委领导下的校长负责制和规范大学中的党政关系。所谓“双向进入制度”，是指党委常委会全体成员整体进入大学治理委员会，大学治理委员会的关键人员进入党委常委会。这种制度安排包括如下几个方面：第一，党委常委会组成人员整体进入高校治理委员会，并在治理委员会中过半数，以体现“党委领导”。第二，赋予书记、校长在大学治理中的角色。党委书记兼任大学治理委员会理事长，全面负责大学理事会各项工作；校长担任大学治理委员会副理事长。第三，实行多元共治。大学治理委员会席位应由校内外各利益相关群体的代表担任，包括政府代表、校友代表、社会人士代表、教师代表、学生代表、行政人员代表等，以彰显“民主管理”精神。第四，教师代表应在大学治理委员会中占有较多席位，教师群体的席位应仅次于党委代表的席位，而大大超过其他成员的席位并享有特殊提案权，以体现“教授治学”理念。第五，校长领导的行政系统是执行机构，执行大学治理委员会所做的各项决策，是为“校长负责”。在这种治理构架上，党委和校长的职责不再模糊不清，两者形成一种分权制衡关系。党委属于决策机构，党委书记担任董事长的制度设计，清楚地勾画出党委书记的主要职责是在意见综合和决策过程中发挥总体协调作用；校长属于执行机构，大学治理委员会做出的决策，校长及行政管理系统应坚决贯彻执行。[②]

协调学术权力与行政权力的关系是完善公办高校法人治理结构的

---

①② 参见朱光磊、于洋：《决策同心圆：关于规范大学“党政关系”的一个建议》，载《中国机构改革与管理》，2013（7～8）。

另一个重要问题。长期以来，学术权力与行政权力之间的矛盾成为无解的教改难题，这一问题表现在三个方面：一是公办大学行政化。行政化对外表现为公办大学依附于政府，失去自主性；对内表现为复制政府机关的科层制管理模式，以行政管理方式对待学术问题，学术人员的行为甚至思想观念都发生了错位，大学“官本位”盛行。二是学术力量微弱。学术人员很少或基本上没有参与学校重大学术问题决策的机会和渠道。基层学术组织缺乏教授治学氛围，教师及其他学术人员的积极性、创造性被扼杀。三是行政权力对学术权力的侵蚀。行政力量一统天下，没有给学术力量留有空间。教授会、学术委员会等大学学术机构成为了行政机构的附庸，行政评价取代学术评价。针对这些问题，学界开出了“大学去行政化”的药方，提出强化学术委员会的决策职能，并要求行政人员集体退出学术委员会。然而，这种药方在实践中收效甚微。行政人员集体退出学术委员会后，学术委员会的决策更没有实现的可能性，学术委员会有沦为自娱自乐的“清谈馆”之虞。因为这种改革忽视了行政决策与学术决策都必须由同一套行政系统来执行的事实。作为底部沉重的组织，大学学术权力的大本营不是学术委员会，而是基层学术组织；学术权力与行政权力之间的矛盾不是校长与学术委员会之间的矛盾，而是学校高层与基层学术组织之间的矛盾。因此，中国公办高校法人治理结构的改革思路必须做战略性调整，必须由“横向分权”走向“纵向分权”，重点是确立和实现基层学术组织自治。

重建高校内部管理构架是完善公办高校法人治理结构的重要组成部分。管理不一定保证学术水平，但管理不善一定导致失败。当前中国公办大学内部管理构架存在严重缺陷：一是校院两级权责关系不对等。权力过于集中学校高层，院系等基层学术组织基本处于无权状态，形成了“倒金字塔”式的权力结构。权力上移，责任下移，严重抑制了基层学术组织的活力。二是科层管理机构膨胀。权力集中带来的必然后果是学校机关部处机构臃肿、人浮于事。权力在学校高层流转，各种职能机构叠床架屋，效率低下。三是问责机制缺失。大学权力不受监督和制约导致权力的滥用和腐败。高度集中在学校层面的财权、物权、招生权、人事权成为腐败者牟取私利的工具，引发大学大面积职务犯罪。完善高校管理构架的关键是形成良好的管理层级和问责制度。作为底部沉重的组织，高校建立管理层级的首要原则是：必须由最有资格的人来决策以及对相关事务的处理应当在最低层次上做出决定。综观世界通例，公办高校管理一般具有四层结构：第一，政府主管部门。主要负责拨经费，规定学校的任务和责任。根据大学章程，政府有监督高校的权力和职责，但不能干预高校的具体事务。第二，大学最高决策机构。国外通常是由利益相关者组成董事会。董事会的主要任务是遴选校长，批准大学发展战略，监督校长执行董事会决策。第三，行政执行团队。行政团队包括校长为首的高层管理人员、行政职能部门负责人和院系负责人，他们有权分配资源，负责教学和科研。校长对任命高层管理人员和院系负责人有很大权力。第四，教师代表组成的各种委员会。教师有参与各种议事会的权利和义务，对大学和院系的重要人事任免发表意见，对大学的战略规划和重点学科建设提出建议。①

① 参见周光礼：《世界一流大学的特质》，载《中国高等教育》，2010（12）。

Education for the Future

Education for the Future

第 11 章

学位和研究生教育制度改革

11 学位和研究生教育制度改革

周光礼

中国研究生培养制度的初创始于晚清新政，从1903年颁布的《奏定大学堂章程》设置通儒院，到21世纪初研究生教育的大转型，中国研究生培养制度经过百年发展。纵观中国研究生培养制度的百年发展，先模仿日本，随后又学习德国模式，20世纪30年代正式建立了美式研究生培养制度，这是第一个阶段。20世纪50年代全面学苏，并建立了苏式研究生培养制度，这种制度在“文化大革命”中被废止，1978年改革开放后，这种苏式体制被恢复。随着计划经济向市场经济转型，苏式体制越来越不适应现实需要，于是我们又把目光转向北美，这是第二个阶段。当前中国研究生培养制度正在转型之中，其突出的矛盾是两种培养模式的冲突：源于欧洲大陆的导师制与源于美国的老板制的冲突。欧洲大陆模式以科研和撰写论文为主要任务，实行导师个人负责制；美国模式强调课程学习，实行严格的资格考试，实行导师小组负责制。

一、中国研究生教育的早期探索（1900—1949年）

“上法三代，旁取泰西”是中国近代高等教育发展的指导思想，但在随后的实践中“旁取泰西”成为主流。新中国成立之前，中国学位制度建设经历了从德国模式到美国模式的变迁。

张之洞主张“中体西用”

中国最早的研究生教育源于西方传教士在华创办的教会大学。19 世纪末 20 世纪初西方传教士仿照西方现代大学的理念在华开办了一批教会大学。中国最早的教会大学是创办于 1867 年的潞河书院，这是燕京大学的前身。随着教会大学的创办，西方的学位制度被同步引入中国。早期创办的教会大学出于学位授予方面的考虑，往往选择在“差会”派遣国立案注册。以上海的圣约翰大学为例，1906 年，该校“在美京立案为圣约翰大学，设文理科、医科、神学科，得授予美国同等之学位”[①]。不久该校模仿美国三级学位制度实行研究生教育：大学毕业后，授予学士学位；在校继续攻读 1～2 年并通过论文答辩后，授予硕士学位；再攻读 1～2 年并通过更为严格的论文答辩后，则授予博士学位。1908 年谭以礼、刁信德、喻庆恩等获得医学博士学位。[②] 把研究生培养正式纳入学校教育体系，首推 1902 年颁布的“壬寅学制”。“壬寅学制”在《钦定大学堂章程》中，提出要举办研究生教育，以“大学院”作为研究生教育的专门设施。“壬寅学制”确立的研究生培养制度来源于日本，带有浓厚的德国模式色彩。这个学制因守旧派的阻挠没有付诸实施。1903 年颁布了“癸卯学制”，该学制将前制中的“大学院”更名为“通儒院”，并制定了《通儒院章程》。

辛亥革命之后，中华民国政府宣告成立。1912 年蔡元培主持制定了“三段三类学制系统”，修业年限较“癸卯学制”缩短了 2～3 年，一个重大变化是删除了研究生教育设施通儒院。1913 年，教育部发布“癸丑学制”。“癸丑学制”恢复设计研究生教育设施“大学院”（清末通儒院），并明确规定，“大学院不设年限”，凡“各科毕业生或试验有同等学力者”，均有资格入院。这种研究生培养制度设计深受德国影响，是一种典型的导师制。新文化运动兴起之后，美国的实用主义在中国大行其道，进步教育主张迅速传播。1922 年，新学

---

① 卜舫济：《圣约翰大学沿革》，载《中华基督教教育季刊》，1925（2）。

② 参见谢桂华：《20 世纪的中国高等教育·学位制度和研究生教育卷》，15 页，北京，高等教育出版社，2003。

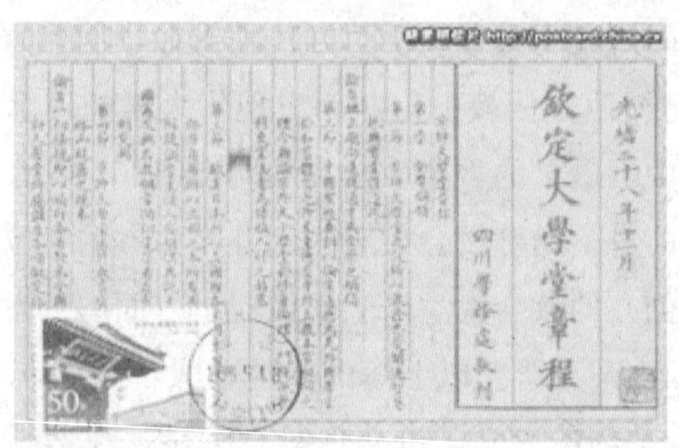

《钦定大学堂章程》决定举办研究生教育

制正式颁布，史称“壬戌学制”。“壬戌学制”为“三段三类模式”，主干学程为“6·6·4”，具有明显的美国色彩。在研究生教育方面，仿照美国的研究生院制，保留设置大学院。“壬戌学制”对中国高等教育的影响表现在强化大学的综合性，提升大学的学术品位，为研究生教育的真正实施提供了可能性。其后，北京大学和清华大学开始进行研究生教育。

1928年至1949年，中国研究生培养制度走向定型化。1928年重新组建的教育部通过《大学组织法》，明确提出大学设立研究院培养研究生。1934年，教育部颁发《大学研究院暂行组织规程》，进一步规定研究院下设文、理、法、教育、农、工、商、医研究所，拥有三个研究所才能称研究院。根据本科所设各系，在研究所下设立学部，如理科研究所物理部，研究所及其各学部的设置需教育部批准。研究所招收研究生须经公开考试，研究生学制两年。① 研究生培养制度集中体现在1931年草拟、1935年修改发布的《学位授予法》。该法的主要内容有：第一，学位分为学士、硕士、博士三级。第二，硕士学位授予资格为：获得学士学位后，在大学研究所继续研究两年以上，经考核合格者。第三，博士学位授予资格为：凡获得硕士学位后，在“研究院或研究所继续研究两年以上，经该院所考核成绩合格，提出

① 参见瞿保奎：《中国教育大系·历代教育制度考（下）》，2321页，武汉，湖北教育出版社，1994。

于教育部审查许可者，得为博士学位候选人”；“博士学位候选人，经博士学位评定会考试合格者，由国家授予博士学位”。第四，硕士学位及博士学位候选人，均需提出研究论文。[①]《学位授予法》确立的培养模式是一种美式体制。实际上，从 1928 年到 1949 年，中国学位和研究生教育制度主要借鉴了美国模式，并正式开始了培养硕士研究生和授予硕士学位。博士培养仅仅建立了一套美式制度，从未真正施行过。

清華學校研究院畢業證書

研究生李鴻樾係湖南省瀏陽縣人
在本校研究院國學門研究一年期
滿經導師審查成績認爲合格特給
予畢業證書此證

校長曹雲祥
教務長梅貽琦
導師王國維
梁啟超
陳寅恪
趙元任
李濟

中華民國十五年六月廿五日

民国时期清华大学的研究生毕业证书

二、中国研究生教育的改革与发展（1949—1998 年）

1949 年中华人民共和国成立，新中国对国民政府留下的 205 所高等院校进行了接收与改造。新中国学习借鉴苏联模式，对此前奉行的美国模式进行批判，最终建立起与计划经济相适应的高度集权的高等教育体制。从 1949 年到 1998 年，中国研究生教育经历了三个发展阶段：

第一个阶段是“苏联模式”的建立与破坏。从 1949 年到 1956 年是新中国由新民主主义向社会主义的过渡时期，我们基本实现了高等

① 参见瞿保奎：《中国教育大系・历代教育制度考（下）》，2329～2330 页，武汉，湖北教育出版社，1994。

教育体制的全面改造与重建。1950 年 8 月，教育部颁布了《高等学校暂行规程》，规定大学和专门学院可以设置研究部和研究所，开展研究生教育。1953 年 11 月，高等教育部颁布了《高等学校培养研究生暂行办法（草案）》，对研究生培养制度进行设计。培养师资是这个时期研究生教育的核心内容。1956 年 6 月，《中华人民共和国学位条例（草案）》在反复讨论修改的基础上正式定稿。1957 年“反右”，极“左”思潮迅速泛滥。1958 年全国掀起“大跃进”的高潮，在教育战线发动了轰轰烈烈的“教育大革命”。学制改革的权力被下放到地方，导致学制的缩短和混乱，高等教育机构遍地开花，研究生教育成为了批判的对象。1961 年根据中央提出的“调整、巩固、充实、提高”的八字方针，制定了《教育部直属高等学校暂行工作条例（草案）》（即“高教 60 条”）。“高教 60 条”对研究生培养制度进行了规定。依据统计数据，这个阶段每年招收的研究生数为：1959 年 1 345 人，1960 年 2 275 人，1961 年 2 198 人，1962 年 1 287 人，1963 年 781 人，1964 年 1 240 人，1965 年 1 456 人，1966 年未招生，但有在校研究生 4 500 人。① 依据“高教 60 条”，1963 年召开了高等学校研究生工作会议，讨论通过了《高等学校培养研究生工作暂行条例（草案）》，其核心思想就是提高研究生培养质量。1966 年“文化大革命”开始，高等教育受到极大的冲击。1967 年教育部向国务院提交了《关于废除研究生制度及研究生分配问题的报告》，正式把学位与研究生教育制度作为资产阶级法权进行废止，致使全国研究生招生工作停辍多年。

第二阶段是研究生教育制度的恢复与改革。1977 年邓小平主持教育工作后，提出要恢复研究生教育。1977 年 9 月，中国科学院委托中国科学技术大学筹建研究生院，率先落实了邓小平恢复招收研究生的指示。1980 年 2 月 12 日，第五届全国人大常委会第十三次会议审议通过了《中华人民共和国学位条例》（简称《学位条例》），这是新中国颁

---

① 参见《中国教育年鉴（1949—1981）》，964 页，北京，中国大百科全书出版社，1984。

布的第一部教育法律。《学位条例》共 20 条，规定我国学位分为学士、硕士、博士三级。1980 年的《学位条例》最突出的特点就是将学位授予与研究生培养统一起来，初步形成有中国特色的学位制度。《学位条例》颁布后，国务院学位委员会于 1980 年 12 月挂牌成立。国务院学位委员会依照《学位条例》对研究生培养制度进行了配套完善，先后出台了《国务院学位委员会关于审定学位授予单位的原则和方法》(1981 年 2 月)、《中华人民共和国学位条例暂行实施办法》(1981 年 5 月)，基本形成了现有研究生培养制度的构架。1984 年 8 月教育部发出《关于在北京大学等二十二所高等学校试办研究生院的通知》，对研究生院的组织机构、发展规划、师资队伍、技术装备等提出统一要求，开始集中力量重点建设一批博士培养基地。这个阶段，国家将试办研究生院和扩大研究生规模作为工作重点。1978 年第一次恢复研究生招生，录取人数突破万人，为 10 708 人。但是随后的几年招生数逐年下降，1979 年为 8 110 人，1980 年为 3 616 人，均未完成招生计划，主要原因是生源不足。① 自 1981 年学位制度正式实施后，研究生教育才开始稳步增长。1981 年招生数为 9 636 人，1982 年招生数为 11 080 人，1983 年招生数为 15 642 人，1984 年招生数为 23 181 人，1985 年招生数为 46 871人。② 1985 年中共中央颁布了《关于教育体制改革的决定》，研究生教育也进入了改革和发展的阶段。

第三个阶段是研究生教育稳步发展阶段。1992 年 10 月党的十四大召开，确立了建设社会主义市场经济体制，拉开了中国社会全面转型的序幕。1993 年中共中央、国务院颁发《中国教育改革与发展纲要》，对建立与市场经济相适应的研究生培养制度做出安排。《中国教育改革与发展纲要》的一项重大举措是：重点建设 100 所左右的大学和建设一批重点学科，从而正式启动了“211 工程”：面向 21 世纪，分期分批重点建设 100 所左右的高等学校和一批重点学科。在此基础上，明确

---

①② 参见《中国教育大事典·高等教育卷》，678 页，石家庄，河北教育出版社，1994。

提出要努力扩大研究生培养的数量，完善研究生的培养制度。1993 年后，研究生教育发展迅速（见图 11—1）：1993 年招生 42 145 人，1994 年招生 50 864 人，1995 年招生 51 053 人，1996 年招生 59 398 人，1997 年招生 63 749 人，1998 年招生 72 508 人，1999 年招生 92 225 人。[①] 与研究生教育快速发展相伴随，加强研究生培养质量的制度建设也在同步进行。1994 年专设了“高等学校与科研院所学位与研究生教育评估所”，承担全国学位和研究生教育质量检查评估的组织与实施工作。经过评估，撤销或暂停了一批不合格的博士点、硕士点的学位授予权，对提高研究生教育质量有所促进。1999 年教育部建立了全国百篇优秀博士论文的评选和监控制度，2000 年教育部又开展了博士学位论文的抽查工作，严明了奖罚，引起了强烈反响。

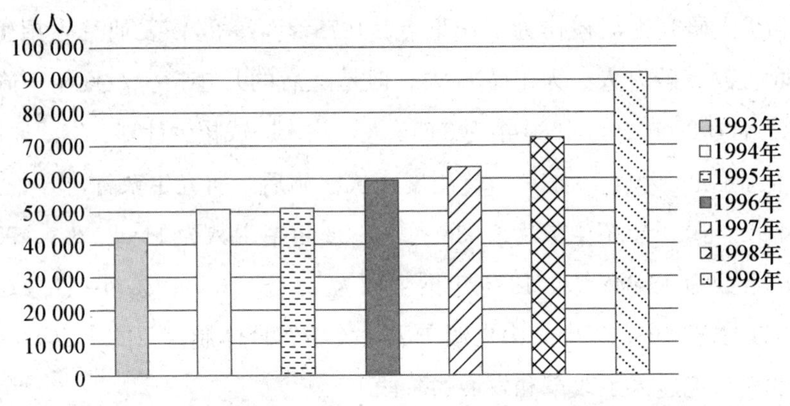

图 11—1　20 世纪 90 年代中国研究生招生规模增长图

三、研究生教育的转型与创新（1999 年至今）

从 1999 年开始，中国研究生教育进入高速发展时期。1999 年 5 月召

---

① 参见谢桂华：《20 世纪的中国高等教育 · 学位制度和研究生教育卷》，100 页，北京，高等教育出版社，2003。

开的国务院学位委员会第十七次工作会议确定了“要抓住机遇，使学位和研究生教育有一个较大发展”的思想。在这种背景下，中国研究生教育规模迅速扩张。从 2000 年开始，中国研究生教育的招生规模连续以每年 30%的速度递增，呈现出前所未有的量的扩张。1999 年招生 9.22 万人，2000 年招生 12.85 万人，2001 年招生 16.52 万人，2002 年招生 20.26 万人，2003 年招生 26.89 万人，2004 年招生 32.63 万人（见图 11—2）。

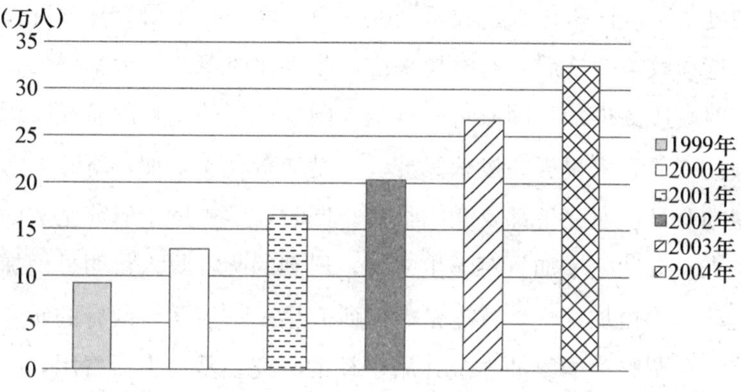

图 11—2　21 世纪初中国研究生招生规模快速增长图

应该说，改革开放 30 多年来，尤其最近 10 多年来，中国学位与研究生教育取得了巨大成就，建立了一套相对完善的学位与研究生教育体系，初步建立起一套研究生教育质量保障体系。但是，随着规模的快速扩大，研究生教育在数量和质量方面的问题日益凸显。第一，研究生教育规模过大，超过了经济社会发展的承受能力。研究生教育规模的快速增长超出经济社会承受能力，一些高学历者相对过剩而找不到工作或者隐性失业。这不但导致人才浪费，而且极易引发社会问题。第二，研究生教育发展速度过快，研究生培养质量难以保障。研究生教育发展过快，导师数量短缺和教育经费短缺凸显。导师数量短缺导致出现一个教师需要带几十个甚至上百个研究生的情况，指导普遍不足，研究生教育质量下降。研究生培养经费增长赶不上研究生招生规模的增长，人均教育资源相对短缺，制约了研究生培养质量的提高。而且，研究生教育发展过快，生源良莠不齐，培养质量难以显著提高。这些问题的出现，意味着中国学位与研究生教育进入了一个转型与创新的阶段。展望未来，中国研究生教育改革的重点领域包括以下三个方面：

第一，推进研究生教育成本分担机制。要改变研究生教育经费由国家全部承担的单一机制，推行国家、用人单位、研究生个人共同分担教育成本的新机制。为此，2013 年 2 月经国务院同意，财政部、教育部等印发了《关于完善研究生教育投入机制的意见》，从财政拨款制度、奖助政策体系、收费制度三个方面完善了研究生教育投入机制。这项政策实施后，对学校来说，收入比改革前将大幅增加，一是国家财政拨款增加，国家对所有纳入国家计划的全日制研究生均安排定额拨款，且大幅提高拨款标准。二是学费收入增加，所有纳入国家计划的全日制研究生都要缴纳学费。同时，学校用于研究生奖励资助的投入也会随之增加。对学生来说，得到的奖补收入将明显增加，而且奖补结构更加优化。首先是保障研究生基本生活。现有的研究生普通奖学金调整为国家助学金，用于补助研究生基本生活费用，补助范围覆盖全国研究生招生计划内的所有全日制研究生。其次是设立了国家奖学金和学业奖学金，加大对优秀研究生的奖励。再次是鼓励研究生积极参与教学、科研、管理。高校要按规定统筹多渠道资金，建立健全导师责任制和导师项目资助制，加大对“三助”岗位的津贴资助力度，根据研究生参与教学、科研、管理的实绩给予相应资助。最后是保证家庭经济困难的研究生就学。家庭经济困难的研究生除按规定享受上述政策外，政策还要求高校综合采取减免学费、发放特殊困难补助、开辟入学“绿色通道”、开展国家助学贷款等方式，确保家庭经济困难的研究生就学。

第二，规模、质量、结构、效益协调发展。一是要稳定规模。规模是一切问题的根源，高学历者找不到工作反映了研究生教育超出了国家经济社会发展的水平。未来的一段时间应该稳定研究生教育的规模，使之与国家经济社会发展相适应。着力解决研究生就业问题。二是保证质量。培养质量是研究生教育的生命线。中国研究生教育的总体质量差强人意，未来研究生教育发展的重点是提高质量。为此，我们首先要加大研究生教育投入，要大幅提高研究生（尤其是博士研究生）津贴和奖学金额度，使研究生能潜心学术。其次，各培养单位要积极探索研究生人才培养新模式，提高研究生培养质量。最后，要强化研究生教育质量的评估机制。通过招生质量评估、教学质量评估、学位授予质量评估、学科评估，保障研究生教育健康发展。三是优化结构。优化结构的目的是建立多元化的学位与研究生教育体系，突破单一的学术性人才培养体系。未来应该大力发展在职研究生教育，全面拓宽专业学位教育体系，增强研究生教育的社会适应性。四是注重效益。强调效益意味着研究生教育要能提高和促进社会生产力发展，要把能带来社会经济价值的领域作为发展的重点。应用型专业的研究生教育应成为发展的主要方向，要加强校企合作，培养创新创业人才。

第三，提高研究生培养质量。一是要探索新的研究生招生制度。生源质量是提高研究生培养质量的重要一环，设计出兼顾公平和质量的招生方式是中国教育改革的重点。从 2011 年开始，为进一步提高博士生招生质量，北京大学、清华大学决定，博士招生实行“申请—审核制”，即初试环节由评委审核考生递交的已有研究成果、硕士毕业论文、专家推荐信等有关申请材料，合格者即可进入复试，考生无须再参加学校统一组织的初试。当前，这种注重考生能力的招生改革已经扩散到许多高校，如何确保招生的公平公正成为这种改革成败的关键。二是要强化研究生培养过程。研究生教育既要重视课程学习，也要重视科研和学位论文；既要重视导师负责，也要重视集体指导；既要重视研究生的国内访学，也要重视研究生的国际交流。在中国启动的研究生创新计划中，有一个选派部分研究生赴国外联合培养项目，这就是一种重要的提高人才培养质量的举措。今后还应大力加强高校与科研机构、大中型企业的全面合作。与有条件的科研院所和企业联合培养研究生，在有条件的企事业单位建立研究生工作站。三是加强质量评估。开展经常性评估是保障研究生教育质量的重要举措。我们不但要加强对学位授予点的定期评估，而且要进一步强化研究生论文抽查工作力度；不但要重视社会中介评估与监督，更要重视建立研究生教育的淘汰机制。四是要加强导师队伍建设。导师在研究生培养中发挥着至关重要的作用。加强导师队伍建设的关键在于完善考评机制。要通过严格的遴选机制真正选拔一批年富力强、德才兼备的优秀人才担任研究生导师。同时要加强评估，对在岗的导师进行定期业绩考评，能者上，庸者下，增强导师队伍活力。

Education for the Future

Education for the Future

第 12 章

创立拔尖创新人才培养特区

12 创立拔尖创新人才培养特区

周光礼

随着信息时代的来临，本科教育模式正在由“传授范式”向“学习范式”转变。中国大学对“学习范式”的回应就是设立创新人才培养特区。自1978年中国科学技术大学首创“少年班”以来，创新人才培养特区在中国大学中纷纷涌现，并呈现出由重点大学向一般大学扩散的趋势。2010年前后创新人才培养特区建设进入鼎盛时期。据初步统计，中国80%以上的重点大学都成立了创新人才培养特区。其中，比较有影响的创新人才培养特区有：浙江大学的“竺可桢学院”、北京大学的“元培学院”、清华大学的“清华学堂”、复旦大学的“复旦学院”、南京大学的“匡亚明学院”、中国科学技术大学的“少年班学院”、华中科技大学的“启明学院”以及最近教育部确定的17所大学的“试点学院”。

一、“少年班”：创新人才培养特区的萌芽（1978—1984年）

中国创新人才培养特区建设可以追溯到1978年中国科学技术大学创办的“少年班”。20世纪70年代以后，随着建构主义在全球高等教育体系中占据主导地位，重视基础、加强学生主动性的本科教育理念得到普遍认同。1972年，著名的华裔诺贝尔奖获得者李政道回国访问，深感中美高等教育的巨大差距，遂向毛泽东提议加强基础人才培养。1977年，中国重新恢复高考制度以应对日益严重的人才危机。1978年，在国务院副总理方毅的支持下，教育部批准同意中国科学技术大学创建“少年班”，并允许其自主招生。作为大学内部一种新的组织形式，“少年班”实施相对独立的教学计划，学生先修完基础课，再根据自己的兴趣和特长自主选择到具体院系进行专业学习。中国科学技术大学的政策创新为其他重点大学所效仿，一时掀起了创办“少年班”的热潮。1984年前后，北京大学、清华大学、复旦大学、南京大学、北京师范大学、吉林大学、西安交通大学、华中工学院等 12 所重点大学获批开办“少年班”，创新人才培养特区实现了第一次传播扩散。

为什么是中国科学技术大学率先进行组织创新？组织社会学的大量证据证明如下观点：社会声望高、资源充裕的组织比那些社会声望不高、资源有限的组织更具有创新性。[①] 在中国，那些与国家联系紧密、得到政府特别支持的大学更有可能创新。中国科学技术大学在新中国高等教育发展历史中具有重要的战略意义。它应国家的重大战略需求（两弹一星）而诞生，受到中央政府的高度重视。作为中国科学院所属大学，中国科学技术大学在成立的第二年即被纳入国家重点大学的行列。中国科学技术大学率先进行创新人才特区建设，与时任中国科学院院长方毅副总理的支持分不开。这也从一个侧面说明，中国政府在大学制度创新中发挥着重要作用。在“少年班”模式的启示下，中国大学在 1978—1984 年间进行了“强化基础的教学改革”。这次改革旨在加强学生的学习基础，增强其学习的主动性，确保师生在教学过程中的活力。改革的重点是课程改革，主要包括三个方面的内容：第一，重视基础理论，注意学科的系统性，努力体现理论联系实践的原则；第二，反映国内外科学技术的新成就、新理论，删除烦琐陈旧的内容，做到“少而精”；第三，注意课程内容的由浅入深，循序渐进，便于学生自学。[②]

然而，这次改革是在“以专业为中心”的指导思想下进行的，改革并没有触动本科教育的“传授范式”，激发学生学习主动性和积极性的改革目的未能实现。应该说，“少年班”这种创新人才培养特区是一定历史时期的产物，在缺乏办学自主权的时代，它为大学探索创新人才培养模式提供了机会，其积极意义在于强调教学改革应贯彻因材施教的原则。然而，“少年班”模式过于强调早慧少年的先天素质，

---

① 参见［美］保罗·A·萨巴蒂尔：《政策过程理论》，244～245 页，北京，生活·读书·新知三联书店，2004。

② 参见周光礼、朱家德：《重建教学：我国“研究性学习”三十年述评》，载《高等工程教育研究》，2009 (2)。

而不是突出人才培养本身。实际上，许多学校在办学实践中发现，所谓天才儿童实际上并无过人之处。20 世纪 90 年代后，“少年班”模式在许多大学都不了了之，只有中国科学技术大学和西安交通大学一直坚守这种创新人才培养模式。

二、突破专业教育模式：创新人才培养特区的探索（1985—1999 年）

1984 年，浙江大学创办的工科混合班是真正意义上的创新人才培养特区。浙江大学是国内著名的理工大学，为了改变传统单一的狭窄口径的专业教育模式，增强学生的实际工作能力，浙江大学将教学改革的突破口放在了工程训练领域。1983 年，浙江大学对本校 28 个工科专业的教学计划与 16 所兄弟院校相关专业的教学计划进行了系统研究，得出一个重要结论：数理基础的薄弱严重地影响了工科人才培养的质量；教育过程的“一刀切”模式不符合因材施教原则，不利于培养创新人才。[①] 1984 年秋，浙江大学率先推出了工科创新人才培养特区：工科混合班。不同于“少年班”侧重选择早慧儿童，工科混合班是在入学新生中选拔 5%的优秀工科学生，并将不同专业的学生混合在一起。工科混合班按照“加强基础、淡化专业”和“起点高、内容新、进度快、着重培养能力”的理念进行设计。[②] 为了实现这种理念，工科混合班采取了三个方面的政策措施：第一，实行理工交叉，让优秀的工科学生接受严格的理科训练；第二，实行因材施教，为学生配备高水平的专业导师；第三，实行政策倾斜，为混合班配备最好的师资和资源。为了将工科混合班体制化，浙江大学突破了原有

---

① 参见邹晓东、李铭霞、陆国栋、刘继荣：《从混合班到竺可桢学院——浙江大学培养拔尖创新人才的探索》，载《高等工程教育研究》，2010 (1)。

② 参见潘云鹤、路甬祥、韩祯祥、吕维雪、吴健：《拔尖创新人才培养二十年的探索与实践》，载《中国大学教学》，2005 (11)。

建制，专门成立了教学二科作为混合班的常设管理机构，直属教务处，兼有管理、联络和研究职能。这在大学缺乏办学自主权的时代是难能可贵的制度创新。

1985 年，《中共中央关于教育体制改革的决定》正式颁布实施，提出要扩大和落实大学办学自主权。办学自主权的落实激发了大学探索创新人才培养模式的热情。1985 年，复旦大学针对大学专业划分过细、学生知识面过窄，启动了学分制改革。在“文理交融”理念的指引下，学校在教学计划中陆续增加了不同学科、不同专业相互联系的课程。20 世纪 90 年代初，复旦大学进一步提出了“宽口径、厚基础、重能力、求创新”的学分制改革新思路，希望通过选课，使专业开放、学科开放，从而形成跨学科教学的机制。[①] 20 世纪 80 年代，华中工学院（华中科技大学的前身）首先在全国提出“第二课堂”的概念，主张在教学计划之外组织和引导学生开展各类具有教育意义的第二课堂活动。与传统的第一课堂不同，第二课堂强调以学生为主，因材施教，充分发挥学生的主动性、积极性和创造性。1994 年，华中科技大学在追踪调查工科毕业生时发现了学校人才培养的重大缺陷，率先提出大学人文素质教育的概念。人文素质教育改革为通识教育在中国的传播奠定了基础。通识教育传承于英国的自由教育，自由教育源自中世纪人文主义教育传统。它们的逻辑是相同的，即教育要指向人的灵魂。第二课堂和人文素质教育是一脉相承的，它们的共同点是：强调学生的主动性，重视知识的内化和精神的自我建构。在这些理念的引导下，华中科技大学涌现出 Dian 团队、联创团队等数十个具有全国影响的课外创新团队。1988 年，北京大学在对毕业生进行走访时发现，专业化本科教学模式导致毕业生学非所用。同年，北京大学启动了“加强基础、淡化专业、因材施教、分流培养”的教学改革。1994 年，北京大学正式开办了文科试验班和理科试验班，试验班前两年学习文理基础知识，后两年回到专业学院学习专业课程。

① 参见陈曦：《复旦大学：通识教育造就栋梁之才》，载《教育与职业》，2008（34）。

文理试验班试图打破过窄的专业界限，让学生受到更加宽广的基础教育。[①] 1989 年，南京大学成立了基础学科教学强化部。1993 年，基础学科教学强化部改为“大理科试验班”，旨在通过多学科综合培养知识面广、工作能力强的人才。这种创新人才培养模式取得了巨大成功。为了推广强化部的办学经验，进一步打破专业人才培养模式，1998 年，南京大学组建了基础学科教育学院。新的创新人才培养特区包括大理科强化班、大文科强化班以及各学科基地班。值得指出的是，各重点大学积极创办创新人才培养特区与 1989 年启动“挑战杯”全国大学生课外科技作品竞赛也有一定关系。作为共青团中央、中国科协、教育部以及国内著名大学发起的全国性创新比赛，“挑战杯”以“崇尚科学、追求真知、勤奋学习、锐意创新、迎接挑战”为宗旨。

在重点大学的引领下，中国大学兴起了新一轮的教学改革热潮。这次教学改革的核心是突破过窄的专业教育，增强学生学习的主动性和积极性，提高学生适应社会的能力。主要政策措施是管理体制改革。教育部通过落实大学办学自主权，将教学管理权限下放，增强高校教学工作的适应性和灵活性。然而，这次教学改革只实现了“以专业为中心”向“以学科为中心”的转变，“以学生为中心”的教学范式并未受到重视。实际上，在“传授范式”的框架下，任何跨学科的教学改革都不可能取得成功，因为教师、课程、教学已经被固化在各个学科专业之中，而学科、专业被认为是固定的、永恒的。

三、“以学生为中心”：创新人才培养特区的新探索（2000—2012 年）

突破“传授范式”需要不断探索新的结构和方式，这需要对教学

---

① 参见谈小蝻、沙丽曼、张庭芳、林建华：《从实验班到元培学院——北京大学本科人才培养模式和管理体制改革》，载《中国科教创新导刊》，2010（2）。

体系改革进行整体构思。变革时代的到来为这种改革提供了可能性。1998 年 5 月，江泽民在北京大学 100 周年校庆大会上发表重要讲话，提出在知识经济时代，培养创新人才事关国家兴衰。同年 8 月，新颁布的《中华人民共和国高等教育法》明确提出，高等教育的使命在于培养具有创新精神和实践能力的高级专门人才。1998 年 12 月，教育部发布了《面向 21 世纪教育振兴行动计划》，提出中国高等教育改革的新方向是“瞄准国家创新体系的目标，培养造就一批高水平的具有创新能力的人才”。2000 年，教育部启动了“新世纪高等教育教学改革工程”。作为一项深化本科教育教学改革的系统工程，“新世纪高等教育教学改革工程”旨在培养适应新世纪中国现代化建设需要的具有创新精神、实践能力和创业精神的高素质人才。为此，需要对大学人才培养模式、教学内容、课程体系、教学方法等进行综合改革和实践。其后，教育部又实施了“高等学校教学质量与教学改革工程”，旨在全面推进教学改革，初步形成有效提高学生实践能力、创业能力、创新能力、国际竞争力的新型本科教学模式。

在国家政策引导下，许多大学纷纷改革学校内部组织结构，推广和改进创新人才培养的经验。2000 年，浙江大学在工科混合班、工程教育高级班、创新和创业教育管理班的基础上，成立了竺可桢学院。在竺可桢学院的框架下，浙江大学将工科混合班的成功经验推广到文理科大类的优秀学生，设立了文科实验班和理科实验班。文理科实验班的培养计划如下：第一年进行文理基础平台的通识教育，第二年按学科大类培养，学生可以自主选择专业，第三、第四年在专业学院进行个性化培养，实行导师制。其后，竺可桢学院又不断增加新的项目，先后增设了金融实验班、公共管理强化班、计算机共建班、医学实验班、求是班等，学生覆盖面越来越广。2001 年，北京大学启动“元培计划”。“元培计划”最初旨在建立文理学院负责全校通识教育。“元培计划”的第一步是成立按照文理大类招生的“元培计划实验班”。2007 年，为了全面改革学习制度，实行教学计划和导师指导下的自由选课学分制，实验班升格为元培学院。作为一个有别于现有专业院系的独立建制单位，元培学院有自己的学生、导师、教学管理人员、学生工作人员，但没有自己的学科教师。2003年，复旦大学决定成立文理学院，进行通识教育。2005年，正式成立复旦学院，这是一个负责实施全校通识教育的教学、研究和管理机构，负责全校本科低年级的教学管理工作。复旦学院的运作模式是：所有新生进校后不分学科专业，整体编为四个书院，学生在复旦学院经过一年专门的通识教育之后，再自由选择专业学院进行专业学习。目前，新复旦学院下设志德书院、腾飞学院、克卿书院、任重书院和希德书院五个住宿书院。2006年，南京大学在基础教育学院的基础上，成立匡亚明学院。匡亚明学院主要由如下项目组成：理科强化部项目、基础文科强化部项目、国际化应用文科强化部项目、理科基地班2+2宽口径通识教育试点项目、文科基地班2+2宽口径通识教育试点项目、应用学科2+2宽口径通识教育试点项目。2008年，华中科技大学在前期教改的基础上，与业界共同创办了独立建制、直属学校管理的创新人才培养特区——启明学院。应该说，教育部的"人才培养模式创新实验区"建设项目在这一轮改革中起了重大作用。据统计，截至2009年，全国共有501个创新人才培养特区应运而生，形成了通识教育模式、数理提高班模式、学科大类培养模式、国家各类人才基地模式等多样化的创新人才培养模式。①

把创新人才培养特区建设推向高潮的是"珠峰计划"（2009年）和"试点学院"（2011年）。"珠峰计划"即国家"基础学科拔尖学生培养试验计划"，是教育部为回应"钱学森之问"而推出的一项创新人才培养计划。2005年，钱学森发出了"为什么我们的学校老是培养不出创新人才"的感叹，这就是著名的"钱学森之问"。钱学森自己回答了这一问题：没有一所大学能够按照培养科学技术发明创造人

---

① 参见周群英、马廷奇：《本科教育改革中创新人才培养回顾与反思——政策分析视角》，载《南京航空航天大学学报（社会科学版）》，2011（3）。

才的模式去办学，没有自己独特的、创新的东西，老是“冒”不出杰出人才。钱学森的自问自答引发了社会各界对中国本科教育的反思。为了回应社会各界的关注，2009 年，教育部联合中组部、财政部启动了“珠峰计划”。该计划以数学、物理、化学、生物、计算机 5 个基础学科为试点学科，通过在校内动态选拔特别优秀的学生，配备一流师资，提供一流学习条件，提供充足的支持经费，培养基础学科领域的领军人物。“珠峰计划”选择了北京大学、清华大学、复旦大学、中国科学技术大学、南京大学、上海交通大学、浙江大学等 19 所全国著名大学开展拔尖创新人才培养实验。在“珠峰计划”的支持下，中国科学技术大学成立了少年班学院，上海交通大学成立了志远学院，清华大学启动了清华学堂人才培养计划，吉林大学成立了唐敖庆班，北京航空航天大学成立了华罗庚班，西安交通大学成立了基础学科拔尖创新人才实验班，武汉大学成立了弘毅学堂，南开大学成立了伯苓班，山东大学成立了泰山学堂，兰州大学成立了萃英学院，中山大学成立了逸仙班，北京师范大学启动了励耕计划。“试点学院”即“教育教学改革特别试验区”，是国务院为了回应“钱学森之问”而直接启动的创新人才培养特区计划。该计划主要包括四个方面的内容：第一，实行教授治院制，即重新配置学校与基层学术组织的权力，扩大学院在教学、科研、管理方面的自主权，实行教授治学；第二，实行教师聘任制，即改革教师人事制度，推行全员聘任制和年薪制，激励教师把主要精力用于教书育人；第三，实行自主招生制度，即改革招生录取机制，建立健全以学院为主体的自主招生制度；第四，实行“以学生为中心”的教学制度，即创新人才培养模式，尊重学生主体地位，激发学生学习的积极性和主动性。北京大学（物理学院）、清华大学（理学院）、上海交通大学（机械与动力工程学院）、中山大学（管理学院）、华中科技大学（光电子科学与工程学院）、中国科学技术大学（物理学院）、浙江大学（基础医学院）、北京师范大学（教育学部）、天津大学（精密仪器与光电子工程学院）、南开大学（泰达学院）、同济大学（土木工程学院）、四川大学（生命科学学院）、北京航空航天大学（能源与动力工程学院）、北京交通大学（经济管理学院）、上海大学（钱伟长学院）、苏州大学（纳米科学技术学院）、黑龙江大学（中俄学院）17 所全国重点大学列入试点学院改革范围。由于国家的积极推动，加上重点大学的示范效应，其他大学纷纷效仿这些先行者，创新人才培养特区在各级各类大学迅速传播，大学趋同现象显著。不但一般的省属大学设立了创新人才培养特区，如湖北大学成立楚才学院，而且非省会城市的地方性学院也设立了创新人才培养特区，如襄阳学院创立孔明学院，聊城大学成立羡林学院。

2011 年，清华学堂人才培养计划全面启动

2012 年 8 月 29 日，教育部、中科院正式启动“科教结合协同育人行动计划”，该计划坚持“加强统筹、试点引领、重点突破、全面推进”原则，以培养创新人才为目标，以提高学生科研实践能力为重点，以建立高校与科研院所协同机制为保障，努力实现高水平科学研究与高质量人才培养的相互支撑。首批 50 余所高校与 80 余家中科院研究所结对组建协同育人平台，成为创新人才培养特区新的组织形态。

总而言之，从 1978 年到 2012 年，中国大学创新人才培养模式改革的总体趋势是：打破专业教育人才培养模式和刚性的教学管理制度，推动人才培养从“以专业为中心”向“以学生为中心”转变。创新人才培养特区 30 多年的演变，昭示了“传授范式”和“学习范式”两种教育理念的分野，改革者倡导的“学习范式”逐渐成为中国大学的教改共识。

第 13 章

建设世界一流大学

13 建设世界一流大学

周光礼

世界一流大学是国家综合实力的重要标志，是实现高等教育强国的必然要求。高等教育强国必然拥有一批世界一流大学，建设若干所世界一流大学是中国的战略选择。1998 年 5 月 4 日，国家主席江泽民在庆祝北京大学建校 100 周年大会上向全社会宣告："为了实现现代化，我国要有若干所具有世界先进水平的一流大学。"为了落实这一战略，教育部启动了"985 工程"。

一、世界科学中心的转移与一流大学集群的崛起

千年历史看百年。随着现代生产方式的建立，世界政治经济中心不断转换，世界政治经济中心的转换直接导致了世界科教活动中心的转移。近代以来，世界科教活动中心转移顺序依次为意大利、英国、法国、德国、美国。20 世纪六七十年代日本科学史家汤浅光朝和中国学者赵红洲分别发现了世界科学中心转移现象。他们按国别对 1501 年至 1950 年世界科学成果的增长情况进行了细致的计量分析。他们认为，凡是重大科研成果数占同期全世界总数的百分比超过了 25%的国家，可称之为"科学活动中心"。而保持这一比例的时间，谓之"科学兴隆周期"。他们进而发现，近代以来世界科学活动中心发生了五次大转移：意大利（1540—1610 年）、英国（1660—1730 年）、法国（1770—1830 年）、德国（1810—1920 年）、美国（1920 年至现在）。每一个国家的科学兴盛期为 80 年左右。1971 年科学史学者本·代维发现了世界高等教育中心的转移现象。在《学术中心的转移：不列颠、法兰西、德国、美国》一书中，本·代维提出，寻求先进知识的研究者和学生，是跟着成为"中心"的国家的大学转移的。实际上，科学活动中心转移与高等教育中心转移之间存在内在的关联。一般来说，一个国家先成为高等教育中心，然后才成为科学活动中心；一个国家先丧失高等教育中心的地位，然后才丧失科学活动

中心的地位。一个国家高等教育兴隆周期越长，科技兴隆的周期也越长。因此，可以将它们合称为世界科教活动中心的转移。

英语世界的第一所大学——牛津大学（1167 年建校）
（臧伊茗拍摄于牛津大学）

改革开放 30 多年来，随着现代生产方式的引入，中国经济迅速崛起，目前中国已经成为全球第二大经济体。据预测，未来 20 年左右，中国将超过美国成为全球最大的经济体。经济中心的出现必然伴随一流大学集群的出现。因为一个国家大学的发展，归根结底取决于经济的发展，同时，大学的发展反过来对经济繁荣做出了重大贡献。15—17 世纪，当意大利成为世界贸易中心时，意大利拥有 18 所中世纪大学，占世界大学总数的 30%。其中，博洛尼亚大学、帕多瓦大学是当时欧洲最负盛名的大学。19 世纪，当德国经济迅速崛起后，德国拥有一大批世界最优秀的大学，据统计，当时世界一半以上的一流大学在德国。其中，柏林大学的模式传遍全世界，德国高等教育体系称雄世界 100 年。作为当今世界经济中心的美国，以拥有一大批世界一流的研究型大学而著称。根据上海交通大学的世界大学排行榜，世界前 20 位的大学，85%在美国；世界前 100 位的大学，50%以上在美国。哈佛大学文理学院院长罗索夫斯基曾自豪地宣称：当今世界一流大学三分之二在美国！可以预测，即将成为世界第一大经济体的中国，必然会成为世界科教活动的中心。事实上，目前中国已经拥有世界上规模最大的高等教育体系，是名副其实的高等教育大国。随着中国由高等教育大国走向高等教育强国，必然会产生一大批世界一流大学。

现代大学的先驱——柏林大学（1810 年成立）

中国建设世界一流大学是由赶超型战略向创新驱动发展战略转型的必然要求。赶超型战略不能建成创新型国家，只有创新驱动型战略才能真正实现“中国梦”。科技引领发展，创新改变生活。中国的现代化是人类历史上前所未有的大变革。科学技术是推动这场变革的重要动力。中国经济正处于转型升级的关键期，高等教育改革在其中起着决定性作用。经过 30 多年的高速发展，作为世界工厂的中国，正面临周边国家的竞争、全球化的压力和知识经济的冲击。最近 10 多年来，全球经济一体化速度明显加快，国家迫切要求提高全球竞争能力。技术快速发展使产品寿命缩短。制造业向低成本国家转移，发达国家的优势从商品转向知识，如软件、服务业和生物技术。不难设想，只有适应全球化和知识经济的国家才能生存，国家间的差距正在迅速拉开。中国参与知识经济至关重要，但是中国的科技知识与欧美发达国家的距离很大。没有世界一流大学就没有原创性成果和创新型人才，中国将丧失最新一轮发展的战略机遇。

在这种背景下，中国政府提出了建设创新型国家的战略目标。《国家中长期科学和技术发展规划纲要（2006—2020 年）》提出，中国要在 2020 年建成创新型国家。建设创新型国家的关键是：把增强自主创新能力作为发展科学技术的战略基点，走出中国特色自主创新道路，推动科技的跨越式发展；把增强自主创新能力作为调整产业结构、转变增长方式的中心环节，建设资源节约型、环境友好型社会，推动国民经济又好又快发展。《国家中长期科学和技术发展规划纲要（2006—2020 年）》本着“自主创新，重点跨越，支撑发展，引领未来”的发展方略，确定了研究型大学的战略地位：高水平研究型大学是国家培养高层次创新人才的重要基地，是国家基础研究和高技术领域原始性创新的主力军之一，是解决国民经济重大科技问题，实现技术转移、成果转化的生力军。因此，世界一流水平的研究型大学是国家创新体系的重要组成部分，是一个国家竞争力的基础和核心。

二、从“211 工程”到“985 工程”

世界一流大学建设是重点大学建设的延伸。中国重点大学建设政策最早可以追溯到 20 世纪 50 年代。1954 年 10 月 5 日，中共中央发布《关于重点高等学校和专家工作范围的决议》，指定中国人民大学、北京大学、清华大学、北京医学院（现北京大学医学部）、北京农业大学（已并入中国农业大学）、哈尔滨工业大学 6 所学校为全国性重点大学，这是中国进行重点大学建设的最初尝试。真正拉开中国重点大学建设序幕的是 1959 年 5 月 17 日中共中央发出的《关于在高等学校中指定一批重点学校的决定》。该决定指定北京大学、中国人民大学、清华大学、中国科技大学等 16 所高校为全国重点大学。同年 8 月，又指定协和医科大学等 4 所大学为重点大学。

为了适应国家工业化的需要，1960 年 10 月 22 日中央发布了《中共中央关于增加全国重点高等学校的决定》，提出在原来 20 所

(16+4) 重点大学的基础上，再增加 44 所重点大学，使中国重点大学的总数达到 64 所。这次增加的重点大学主要是工科等专业性院校，在总共 64 所重点大学中，综合性大学只有 13 所，其余都是工科等专业院校。1963—1964 年，又有 4 所大学被指定为全国重点高等学校。至此，全国重点高校共 68 所。

“文化大革命”结束后，重点大学建设政策得到恢复。1978 年 2 月 17 日，国务院转发教育部《关于恢复和办好全国重点高等学校的报告》，恢复“文化大革命”前 60 余所全国重点高等学校，并增加 28 所高校为重点大学，1978 年国务院最终确定 88 所全国重点大学。从 1979 年到 1981 年，又有 11 所大学被指定为全国重点大学，使重点大学名单达到 99 所。重点太多等于没有重点，当时的国家无法承担如此多的重点大学。在这种背景下，20 世纪 80 年代初，四所大学（南京大学、浙江大学、天津大学、大连理工大学）的校长联名向中央写信，建议中央政府增加对教育的财政预算和投入，特别是要拨出专款，大力度地支持全国著名的部分重点大学建设。国务院采纳了这个建议，并于 1984 年确定将清华大学、北京大学、复旦大学、上海交通大学、西安交通大学、中国科学技术大学 6 所大学纳入国家“七五”重点投资建设项目，其后又增加了北京医科大学、北京农业大学、北京师范大学、华南理工大学、北京航空航天大学、哈尔滨工业大学、西北工业大学、国防科学技术大学、中国政法大学 9 所大学，这 15 所大学构成“七五”期间国家重点建设的高校。1990 年，15 所大学被纳入“八五”国家重点建设的高校，这个名单与“七五”国家重点建设的高校基本一致，只是以中国人民大学取代了中国政法大学。

1990 年 6 月，国家教委在制定全国教育事业十年规划时，提出要在 2～3 个五年计划内，有计划地重点投资建设 30 所左右的重点大学。后来考虑要建设一批重点学科，经过多次研究，确定到 2000 年前后，重点建设高校为 100 所左右。1991 年 4 月，重点建设一批大学和一批重点学科被列入七届全国人大四次会议通过的《国民经济和社会发展十年规划和第八个五年计划纲要》。1992 年 8 月 26 日，国务院第 111 次常务会议纪要明确提出，原则同意国家教委和有关部门提出的面向 21 世纪，重点办好一批（100 所）高等院校的“211 工程”规划意见。1993 年发布的《中国教育改革和发展纲要》明确提出：“要集中中央和地方等各方面的力量办好 100 所左右重点大学和一批重点学科、专业。”根据上述文件精神，1993 年 7 月，国家教育委员会发布了《关于重点建设一批高等学校和重点学科点的若干意见》，正式设立“211 工程”重点建设项目。面向 21 世纪，重点建设一批高等学校和重点学科，并在此基础上经过若干年的努力，使 100 所左右的高等学校以及一批重点学科在教育质量、科学研究、管理水平和办学效益等方面有较大提高，在高等教育改革特别是管理体制改革方面有明显进展，成为立足国内培养高层次人才、解决经济建设和社会发展重大问题的基地。这段话的核心内容就是：面向 21 世纪，重点建设 100 所左右的高等学校和一批重点学科，这就是“211 工程”的含义。1995 年 11 月，经国务院批准，由中央政府拨出专项资金开始实施“211 工程”建设。1995 年 15 所大学第一批进入“211 工程”大学行列（见表 13—1）。1996 年，27 所大学入选“211 工程”重点建设大学。2003 年，95 所大学入选“211 工程”重点建设大学。到 2014 年，全国共有 112 所大学进入“211 工程”重点建设大学行列。

表 13—1　　第一批“211 工程”大学

清华大学	北京大学	中国科学技术大学	南京大学	复旦大学
上海交通大学	西安交通大学	浙江大学	哈尔滨工业大学	北京理工大学
北京航空航天大学	南开大学	天津大学	西北工业大学	中国农业大学

“211 工程”作为国家高等教育的重点建设工程，主要内容涉及三个方面：高校的整体条件、重点学科建设和高等教育公共服务体系建设。“211 工程”一期建设资金总额达 108.94 亿元，其中中央专项资金 27.55 亿元，部门配套资金 31.72 亿元，地方政府配套资金 24.89 亿元，学校自筹资金 23.63 亿元，其他渠道建设资金 1.15 亿元。此外，

还有部门和地方政府安排相关基础设施配套经费 74.72 亿元。“211 工程”一期改善了大学的办学条件和基础设施。“211 工程”二期建设以重点学科为核心，资金总额达到 187.5 亿元，其中中央安排专项资金 60 亿元，部门和地方配套 59.7 亿元，学校自筹 67.8 亿元。“211 工程”三期经费总额将达 300 亿元，其中中央政府专项资金高达 100 亿元。经过“211 工程”建设，中国高校的科研水平和学科综合实力得到前所未有的提高，初步建立起高效快捷的高等教育公共服务体系。

建设世界一流大学的思想最早可以追溯到 20 世纪 80 年代。1986 年，北京大学校长丁石孙在总结北京大学改革建设工作时，明确提出要把“创建世界一流大学”作为学校的办学指导思想。清华大学也在 20 世纪 80 年代提出要创建社会主义的一流大学的奋斗目标。1998 年 5 月 2 日，李岚清在世界大学校长论坛开幕式上首次以官方的名义提出建设世界一流大学。1998 年 5 月 4 日，在北京大学建校 100 周年校庆大会上，江泽民重申：“为了实现现代化，我国要有若干所具有世界先进水平的一流大学。”根据这次讲话精神，教育部启动了“985 工程”，支持部分高等学校创建具有世界先进水平的一流大学和一流学科。1999 年 1 月 13 日，国务院批准了该计划。“985 工程”最早只覆盖清华大学和北京大学，中央政府在 1999 年到 2001 年的 3 年内，为两校分别注入专项建设经费 18 亿元。随后，又有中国科学技术大学、复旦大学、上海交通大学、南京大学、西安交通大学、浙江大学、哈尔滨工业大学 7 所大学进入“985 工程”，这 9 所大学就是第一批“985 工程”重点建设大学。其后，“985 工程”大学不断扩军，2000 年增加到 30 所，2003 年增加到 34 所。后来又增加了 5 所，2011 年“985 工程”大学最终确定为 39 所（见表 13—2）。

表 13—2　“985 工程”大学

北京大学	清华大学	中国科学技术大学	复旦大学	上海交通大学
南京大学	西安交通大学	浙江大学	哈尔滨工业大学	厦门大学
北京理工大学	南开大学	天津大学	华中科技大学	华南理工大学

武汉大学	东南大学	中山大学	山东大学	吉林大学
湖南大学	中南大学	西北工业大学	中国海洋大学	大连理工大学
重庆大学	四川大学	电子科技大学	北京航空航天大学	兰州大学
东北大学	同济大学	北京师范大学	中国人民大学	中国农业大学
国防科学技术大学	西北农林科技大学	中央民族大学	华东师范大学	

在“985 工程”高校稳定后，国家又启动了“985 工程优势学科创新平台”建设。“985 工程优势学科创新平台”从属于“211 工程”建设的学校但不属于“985 工程”建设的部属高校中选择，主要是拥有 1～2 个顶尖学科的行业特色高校，如中国地质大学、中国矿业大学、中国石油大学、中央财政大学、北京化工大学等。因此，“985 工程优势学科创新平台”又称“特色 985 工程”。2012 年，国家启动了“高等学校创新能力提升计划”，简称为“2011 计划”。作为国家启动的又一项重大的高等教育建设工程，“2011 计划”以人才、学科、科研三位一体创新能力提升为核心任务，通过构建面向科学前沿、文化传承创新、行业产业以及区域发展重大需求的四类协同创新模式，深化高校的机制体制改革，转变高校创新方式。当前已有 14 个协同创新中心入选。随后，国家又启动了“中西部高校综合实力提升工程”。作为“985 工程”的后续工程，该工程是在没有教育部直属高校的省份，专项支持一所本区域内办学实力较强、办学水平较高，有区域优势的地方高校。14 所高校入选。“985 工程”建设缩小了中国顶尖大学与世界一流大学的距离，一批学科达到或接近国际一流水平。

表 13—3　　“中西部高校综合实力提升工程”大学

山西大学	河北大学	郑州大学	南昌大学	云南大学
贵州大学	海南大学	青海大学	西藏大学	内蒙古大学
广西大学	宁夏大学	新疆大学	石河子大学	

三、世界一流大学的特征

世界一流大学是一个模糊的概念，不同的人对它有不同的界定。经过“985工程”建设，中国的决策者逐步认识到：世界一流大学必须具有世界领先的学术成就和卓越的人才，其关键是有世界级的师资队伍，必不可少的两个基础条件是有效的管理体制和充足的办学经费。在此基础上，人们形成了对世界一流大学的共识：

第一，具有一流的国际声誉。世界一流大学在国际上均享有很高的知名度。这种知名度可能来自悠久的办学历史、深厚的学术底蕴；也可能是因为拥有世界级的学术大师，培养了社会精英和国家领导人；或者源自大学进行了高水平的科学研究，为世界经济和社会发展做出了贡献。

第二，具有世界一流的师资队伍。世界一流大学必须具有一流的师资，是各个学科领域的科学家、学术大师汇集之地。师资质量是决定大学质量的第一要素。一流大学要求有坚实的学术领导地位。为此，必须在全球范围寻找人才，提供有竞争力的条件（薪水、设备、实验室、学生、图书馆等）。一流大学的教师始终处于评估之中，而且很大部分来自外界评议。

第三，具有世界一流的优势学科。世界一流大学一般拥有若干一流水平的优势学科。哈佛大学的政治学、生物学、工商管理、医学，斯坦福大学的数学、计算机科学，麻省理工学院的工程学、物理学、分子生物学、经济学、语言学，剑桥大学的数学、物理学等。这些大学都因为拥有世界一流的学科而著称。

第四，具有一流的学术成果。世界一流大学大都是研究型大学，具有良好的学术氛围，从事国际最前沿的科学研究，拥有一批国际一流的研究室，取得了一大批原创性的科学研究成果，在世界范围内享有很高的学术声誉。如英国剑桥大学的卡文迪什实验室在20世纪总是处于世界物理学研究的最前沿，成为现代物理学的发源地之一，为剑桥大学赢得世界声誉。一流大学总是走在世界科研前沿，并取得一批标志性科研成果。据统计，从 1946 年至 1981 年，荣获诺贝尔奖的成果 70%是在世界一流大学中产生的。

第五，具有一流的人才。世界一流大学遵循精英教育的价值取向。重视吸收本国乃至世界最优秀的学生就读，尤其是竭力吸引有可能成为领袖和杰出学者的本科生。世界一流大学的师生是互动的，学生受到学术熏陶，广泛接触新思想。世界一流大学都很重视通过通识教育发掘学生潜质，而不是单纯的专业技术训练和人力的培养。

第六，具有充足而灵活的办学资源 。充足而灵活的办学资源有利于大学改进教学和研究条件，招聘到更高水平的教师和研究人员，支持新的前沿学术项目。大多数世界一流研究型大学年预算经费为 10 亿～20 亿美元。哈佛大学近年来的年度预算经费为 26 亿美元，教师人均年度支出高达 100 多万美元，学校捐赠基金至 2015 年 6 月累计高达 374 亿美元。世界一流大学一半左右的经费投入在科学研究上。经费的稳定性和允许灵活使用与总预算经费同等重要。

第七，具有完善的管理构架。完善的管理构架意味着良好的决策体制和问责制度。管理不一定保证学术水平，但管理不善一定导致失败。有效的管理必须责任分担，明确各方承担的义务。一流大学管理的首要原则是“必须由最有资格的人来决策”以及“对相关事务的处理应当在最低层次上做出决定”。世界一流大学都有自己的大学章程，以大学章程为基础建构大学的治理结构，建立大学内部的体制机制。

第八，具有较高的国际化水平。世界一流大学实行开放式办学，具有广泛的国际联系。它们不仅是国际科技、教育、文化交流的中心，而且是国际化人才的培养基地。在世界一流大学攻读学位的海外留学生的比例较高，其中研究生中留学生的比例一般在 20%以上。不仅如此，一流大学特别注重培养学生的国际视野，许多本科生就有机会到其他一些世界知名大学进行一学期甚至一学年的学习，使学生的学习经历向海外延伸；资助研究生参加各种国际学术交流活动，以培养具有国际思维和眼界的创新型人才。一流大学的教师也是国际流动的，在国际流动中形成良性循环，避免近亲繁殖。

更重要的是，世界一流大学是有理想、有灵魂的大学。大学的灵魂需要人文社会科学的涵养。世界一流大学应该有一流的人文社会科学，而一流的人文社会科学是高度依赖学术自由的，没有学术自由以及更广义的思想自由与表达自由，不可能有一流的人文社会科学，缺乏一流人文社会科学的大学，很难涵养深沉与远大的抱负。

结语　培育国家制度能力，助力教育现代化

周光礼

国家制度能力是国家治理能力的核心。培育国家制度能力对于推动中国教育治理体系现代化具有十分重要的意义。

转变政府职能、完善学校法人治理结构、强化政府向社会赋权的力度是教育领域培育国家制度能力的三个重要着力点。

党的十八届三中全会明确提出，全面深化改革的总目标是完善和发展中国特色社会主义制度，推进国家治理体系和治理能力现代化。由于现代国家与现代教育体制是同时形成的，因此，在从管理向治理转变的背景下，实现教育治理能力和治理体系现代化已成为深化教育综合改革最紧迫的任务。推进教育治理能力和治理体系现代化，就是要顺应变革时代的要求，以实现教育现代化为目标，以建构政府、社会、学校新型关系为核心，以推进管办评分离为基本策略，以转变政府职能为突破口，建立系统完备、科学规范、运行有效的制度体系，形成政府宏观管理、学校自主办学、社会广泛参与的格局，更好地调动中央和地方的积极性，更好地激发每个学校的活力，更好地发挥全社会的作用。

一、国家制度能力是国家治理体系和治理能力现代化的重要保障

教育治理能力和治理体系现代化的一个重要前提是政府转变职能

和简政放权。政府只有向学校赋权，才能激发学校自主办学的积极性；政府只有向社会赋权，才能激发社会参与制度创新的热情。然而，中国教育改革中“一收就死、一放就乱”的现实严重制约了政府放权意愿。其实，“一收就死、一放就乱”的背后是国家制度能力的薄弱。中国教育改革取得成功的重要前提是培育国家制度能力。所谓国家制度能力，简单地说，就是国家制定制度和实施制度的能力，以及推动制度变迁的能力。国家制度能力包括三个方面的内容：一是国家基于社会共识独立自主地界定自身目标偏好，进而形成公共政策的能力。二是国家将业已形成的政策进行有效实施，并产生预期政策效果的能力。三是国家根据内外部环境的变革，积极推动制度变迁的能力。国家制度能力是国家治理能力的核心，正如美国学者福山所言，“制度能力不足的国家是软弱无能的国家，制度能力缺失的国家是治理失败的国家”。培育国家制度能力对于推动中国教育治理体系现代化具有十分重要的意义。它有利于政府职能的转变，从国家制度能力的角度来看，管理与治理的一个重要区别是：管理是一种自上而下的、一元单向的变革过程，它以控制为特征；治理是一种自上而下和自下而上相结合的、多元主体协调互动的变革过程，它以分权为特征。国家制度能力与教育治理体系现代化是一种耦合关系。一方面，培育国家制度能力有利于政府职能的转变，推动政府由办教育向管教育转变，由微观管理向宏观管理转变，由直接管理向间接管理转变，由教育管理向教育治理转变。另一方面，推进教育治理能力和治理体系现代化的核心是正确处理政府、学校和社会的关系，建立完整的治理结构。而建立完整的治理结构的过程就是国家制度能力的发展过程。那么，培育国家制度能力要从哪些方面着手呢？

二、培育国家制度能力必须转变政府职能

政府是教育治理的重要主体，在管办评分离中，政府管理改革是

前提。培育国家制度能力是政府的重要着力点。

一是要简政放权。政府要从烦琐细碎的评估、评审、评比中解脱出来，这样才有足够的精力抓大事、谋全局，做好该做的事、能做的事。政府部门要树立服务意识，改进管理方式，完善管理制度，减少和规范对学校的行政审批事项，依法保障学校充分行使办学自主权。简政放权的一个重要标志是坚持“最低层次决策原则”，凡是省级政府能够自主决定的事项，中央政府绝不插手，凡是学校能够自主决定的事项，教育行政部门绝不插手。

二是要建设教育的国家标准。标准实质上是一种政策安排、一种规则体系，它具有普遍的约束力。建立完善现代教育标准，依据标准对教育事业进行规范化管理是教育发达国家的普遍做法，这可以从根本上减少教育管理中的随意性。要重视参与全球教育治理标准建设，这是设立教育国家标准的重要参照。无论是欧洲的“博洛尼亚进程”还是美国的“华盛顿协议”，对中国教育国家标准都会产生重要影响。建立完善教育标准是中国教育治理能力和治理体系现代化的重要组成部分。

三是推进法治建设。法治是秩序的重要来源，也是现代教育治理的基本特征。完善的教育法制体系是国家治理能力的重要表现。我们推进教育综合改革，必须在法治的框架下进行，以合法性作为改革的重要考量。正如习近平同志所强调的，凡属重大改革都要于法有据。在整个改革过程中，都要高度重视运用法治思维和法治方式，发挥法治的引领和推动作用，加强对相关立法工作的协调，确保在法治轨道上推进改革。李克强同志最近也强调说，对政府，“法无授权不可为”，凡增加公民、法人和其他组织义务和责任的事项，必须通过法定程序、以法定形式设定。

四是培育教育公共市场。党的十八届三中全会强调要发挥市场在社会资源配置中的决定性作用，明确提出，要健全政府补贴、政府购买服务、助学贷款、基金奖励、捐资激励等制度，鼓励社会力量兴办教育。这实际上是要建立教育服务公共市场。在这种公共市场体系下，教育服务可以由非政府组织来承担，不需要政府直接办机构来实现。作为公益事业，教育是政府、社会公众和企业的共同利益，实现这种共同的利益需求，可以通过分工与合作，按照效率效能原则，选择提供者，这些提供者既可以是公立学校，也可以是私立学校，政府应该而且可能由教育服务的直接提供者变成教育服务的监督者和评估者，以及资源分配方式的规则制定者。当然，培育教育公共市场必须强化问责机制。分权与问责相结合是教育治理体系现代化的重要特征。政校分开、管办分离必须与教育督导、政府问责相结合。当务之急是完善教育督导体系，建立教育督导制度。

三、培育国家制度能力必须完善学校法人治理结构

完善学校法人治理结构是政府放权的制度前提。从行政法的角度来看，政府向学校授权的前提是学校组织的内部运行建立在民主性、平等性的基础上，有完善的权力约束机制。可见，学校法人治理结构旨在规范学校权力的运行，彰显办学自主权的合法性。

完善学校法人治理结构的关键是建立权力制衡机制。为此需要建好两个机构：理事会和管理层。与现行学校领导班子集决策权和执行权于一身不同，学校法人治理结构以理事会及其领导下的管理层为主要构架，以实现决策权、执行权、监督权的分离。学校治理是利益相关者参与学校重要事项决策的结构与过程，多元共治是学校治理现代化的标志。

如何建立专门的决策机构是学校治理不可回避的问题。治理强调多元参与，意味着学校决策机构必须由利益相关者组成。以高校为例，由于党委领导下的校长负责制是法律规定的治理构架，因此，完善高校法人治理结构需要在治理委员会与党委常委会之间建立起某种适当的制度联系。在现有法律框架下，建立高校治理委员会和党委常

委会“双向进入制度”是一种务实的选择，它有利于落实党委领导下的校长负责制和规范大学中的党政关系。大学治理委员会应由校内外各利益相关群体的代表组成，包括政府代表、校友代表、社会人士代表、教师代表、学生代表、行政人员代表等。

为了保障学校法人治理的有序运行，必须制定学校章程。作为学校治理的“宪章”，学校章程首先是政府与学校法人签订的公法契约，对双方都有法律约束力；其次是学校法人治理结构的制度载体，规定了各利益相关者参与学校重大事项决策的席位比例；最后是学校理事会和管理层的运行规则，明确理事会和管理层的职责，强化责任追究机制。

四、培育国家制度能力必须强化政府向社会赋权的力度

在管办评分离中，评价是反馈环节，具有重要的导向作用。管办评分离要求政府把教育评价权和监督权更多地交给社会，并保持其独立性，使之成为教育治理体系中重要的一个方面。如何发挥社会在教育治理中的作用？

一是政府向社会赋权。要让社会发挥体制创新的积极性，首先需要分权给社会。社会首先需要自己的空间，社会力量才能产生和成长起来，才会有能力去创新。同时，社会体制创新能力的发展，也有利于政府本身的改革。正如郑永年所言，社会力量强大了，必然对政府产生巨大的压力；要消化社会的压力，政府必须对自身进行改革。但这不是弱化政府，而是强化政府。社会力量强大了，政府就可以把更多的权力和责任交给社会，自己专注于那些政府必须承担的功能和责任。郑永年认为，这会造就一种“大社会、小政府，强社会、强政府”的局面。政府管得少，管得好，这就是小政府、强政府。

二是发挥行业企业作用。在市场对资源配置起决定性作用的体制

下，教育所提供的服务和产品，最终都要接受市场和社会的检验。行业企业是教育服务和产品的主要使用者。职业院校和普通院校都应该加快建立行业企业评价机制，吸收行业企业参加教育质量评估，把行业企业的评价作为衡量办学质量的一项重要指标。

三是推进中介组织的专业评价。教育评价具有很强的专业性。正确发挥评价的监测、诊断、指导功能，中介评估组织不可替代。政府要改变过去大包大揽的做法，对社会中介组织赋权，把对学校的评价交给社会，把教育中介组织承担的职能从政府职能中剥离出来，让专业的人做专业的事，逐步建立中介组织评价学校的制度。要支持现有专业机构建设，发挥专业学会、行业协会、基金会等各类社会组织在教育公共治理中的作用；要加快培育独立于教育部门的专业教育服务机构，不断提高其评估监测水平；要引入竞争机制，推广政府购买服务，通过合同、委托等多种方式向专业组织购买高质量的服务。

四是建立信息公开制度，加强社会监督。当前高校管理中暴露了一些问题，如在招生、财务等方面问题比较突出。完全依靠高校的自我监督和约束显然不能够满足社会对高校的信息公开的需求。因此，需要建立更为广泛的社会监督、信息公开制度。建议大学的利益相关者如学生、家长、行业部门等单位对学校进行监督，通过建立信息披露机制，利用大众媒体等公器，对高校进行第三方监督。

五是积极探索咨询性的理事会制度，加强学校与社会、企业、行业部门的合作关系。自中国地质大学设立首个咨询性的大学理事会以来，目前中国有近 200 所高校设立有理事会。这些理事会不是决策性的，而是咨询性的，其作用主要表现在两个方面：落实产学研合作；参与大学发展规划的制定与实施。

图书在版编目（CIP）数据

教育与未来：中国教育改革之路/周光礼，周详著. —北京：中国人民大学出版社，2017.1
（“认识中国・了解中国”书系）
ISBN 978-7-300-23212-6

Ⅰ.①教… Ⅱ.①周…②周… Ⅲ.①教育改革-研究-中国 Ⅳ.①G521

中国版本图书馆 CIP 数据核字（2016）第 178998 号

“十三五”国家重点出版物出版规划项目
“认识中国・了解中国”书系
教育与未来
中国教育改革之路
周光礼　周　详　著
Jiaoyu yu Weilai

出版发行	中国人民大学出版社		
社　　址	北京中关村大街 31 号	**邮政编码**	100080
电　　话	010－62511242（总编室）		010－62511770（质管部）
	010－82501766（邮购部）		010－62514148（门市部）
	010－62515195（发行公司）		010－62515275（盗版举报）
网　　址	http://www.crup.com.cn		
经　　销	新华书店		
印　　刷	天津中印联印务有限公司		
开　　本	720 mm×1000 mm　1/16	**版　　次**	2017 年 1 月第 1 版
印　　张	11.75	**印　　次**	2024 年 6 月第 2 次印刷
字　　数	133 000	**定　　价**	72.00 元